艺术与设计学科博士文丛

山东省高水平学科『高峰学科』建设项目

总主编 潘鲁生

主编 董占军

死生荣华

鲁西南丧葬纸扎研究

荣新／著

山东教育出版社

·济南·

图书在版编目（CIP）数据

死生荣华：鲁西南丧葬纸扎研究 / 荣新著 . —济南：山东教育出版社，2023.9
　（艺术与设计学科博士文丛 / 潘鲁生总主编）
　ISBN 978-7-5701-2663-7

　Ⅰ.①死…　Ⅱ.①荣…　Ⅲ.①葬俗-研究-山东　Ⅳ.①K892.22

　中国国家版本馆CIP数据核字（2023）第177136号

YISHU YU SHEJI XUEKE BOSHI WENCONG
SI-SHENG RONGHUA——LUXINAN SANGZANG ZHIZHA YANJIU

艺术与设计学科博士文丛　　　　　　　　潘鲁生/总主编　董占军/主编

死生荣华——鲁西南丧葬纸扎研究　　　　　　　　荣　新/著

主管单位：山东出版传媒股份有限公司
出版发行：山东教育出版社
　　　　　地址：济南市市中区二环南路2066号4区1号　　邮编：250003
　　　　　电话：（0531）82092660　网址：www.sjs.com.cn
印　　刷：山东星海彩印有限公司
版　　次：2023年9月第1版
印　　次：2023年9月第1次印刷
开　　本：710毫米×1000毫米　1/16
印　　张：12
字　　数：216千
定　　价：42.00元

（如印装质量有问题，请与印刷厂联系调换）印厂电话：0531-88881100

鲁西南地区乡间地头的戏班演出

纸扎棺罩

纸扎"银行"

纸扎马

纸扎艺人张广寒手绘罩顶

纸扎戏曲人物——赵云

坟头的纸扎营造出一个炫彩的世界

墓地焚烧纸扎

总序

　　时光荏苒，社会变迁，中国社会自近现代以来经历了从农耕文明到工业文明、从自给自足的小农经济到市场化的商品经济等一系列深层转型和变革，人们的生活方式、思想文化、消费观念、审美趣味也随之变迁。艺术与设计是一个具体的领域、一个生动的载体，承载和阐释着传统与现代、历史与未来、文化与科技、有形器物与无形精神的交织演进。如何深入地认识和理解艺术与设计学科，厘定其中理路，剖析内在动因，阐释社会历史与生活巨流形之于艺术与设计的规律和影响，不断回溯和认识关键的节点、重要的因素、有影响的人和事以及有意义的现象，并将其启示投入今天的艺术与设计发展，是艺术与设计专业领域学人的责任和使命。

　　当前，国家高度重视文化建设，习近平总书记深刻阐释并强调"坚持创造性转化、创新性发展，不断铸就中华文化新辉煌"，从中华民族伟大复兴的历史意义和战略意义上推进文化发展。新时代，艺术与设计以艺术意象展现文脉，以设计语言沟通传统，诠释中国气派，塑造中国风格，展示中国精神，成为传承发展中华优秀传统文化的重要桥梁；艺术与设计求解现实命题，深化民生视角，激发产业动能，在文化进步、产业发展、乡村振兴、现代城市建设中发挥重要作用，成为生产性服务业和提升国家文化软实力的重要组成部分。关注现实发展的趋势与动态，对艺术与设计做出从现象到路径与规律的理论剖析，形成实践策略并推动理论体系的建构与发展，探索推进设计教育、设计文化等方面承前启后的深层实践，也是艺术与设计领域学者和教师的使命。

山东工艺美术学院是一所以艺术与设计见长的专业院校，自1973年建校以来，经历了工艺美术行业与设计产业的变迁发展历程，一直以承传造物文脉、植根民间文化、服务社会发展为己任。几十年来，在西方艺术冲击、设计潮流迭变、高等教育扩展等节点，守初心，传文脉，存本质，形成了赓续工艺传统、发展当代设计的办学理念和注重人文情怀与实践创新的教学思路。在新时代争创一流学科建设的历史机遇期，更期通过理论沉淀和人文荟萃提升学校办学层次与人才质量，以守正出新的艺术情怀和匠心独运的创意设计，为新时代艺术与设计一流学科建设提供学术支撑，深化学科内涵和文化底蕴。

鉴于上述时代情境和学校发展实践，我们策划推出这套《艺术与设计学科博士文丛》系列丛书，从山东工艺美术学院具有博士学位的专业教师的博士学位论文中，精选20余部，陆续结集出版，以期赓续学术文脉，夯实学科基础，促进学术深耕，认真总结和凝练实践经验，不断促进理论的建构与升华，在专业领域中有所贡献并进一步反哺教学、培育实践、提升科研。

艺术与设计具有自身的广度和深度。前接晚清余绪，在西方艺术理念和设计思潮的熏染下，无论近代初期视觉启蒙运动中图谱之学与实学实业的相得益彰、早期艺术教育之萌发，还是国粹画派与西洋画派之争，中国社会思潮与现代艺术运动始终纠葛在一起。乃至在整个中国革命与现代化建设进程中，艺术创新与美术革命始终同国家各项事业的发展同步前行。百多年来，前辈学人围绕"工艺与美术""艺术与设计"及"艺术与科学"等诸多时代命题做出了许多深层次理论探讨，这为中国高等艺术教育发展、高端设计人才培养以及社会经济、文化事业的发展提供了必不可少的人才动力。在社会发展进程中，新技术、新观念、新方法不断涌现，学科交叉不单为学界共识，而且已成为高等教育的发展方向。设计之道、艺术之思、图像之学，不断为历史学、文艺学、民俗学、社会学、传媒学等多学科交叉所关注。反之，倡导创意创新的艺术价值观也需要不断吸收和汲取其他学科的文化精神与思维范式。总体来讲，无论西方艺术史论家，还是国内学贤新秀，无不注重对艺术设计与人类文明演进的理论反思，由此为我们打开观察艺术世界的另一扇窗户。在高等艺术教育领域，学科进一步交叉融合，而不同专业人才的引入、融合、发展，极大地促进和推动了复合型人才培养，有利于高校适应社会对艺术人才综合素养的期望和诉求。

基于此，本套《艺术与设计学科博士文丛》以艺术与设计为主线，涉及艺术学、设计学、文艺学、历史学、民俗学、艺术人类学、社会学等多个学科，既有纯粹的艺术理论成果，也有牵涉不同实践层面的多维之作，既有学院派的内在精覃之思考，也有面向社会、深入现实的博雅通识之著述。丛书集合了山东工艺美术学院新一代青年学人的学术智慧与理论探索。希冀这套丛书能够为学校整体发展、学科建设、人才培养和文脉传承注入新的能量和力量，也期待新一代青年学人茁壮成长，共创一流，百尺竿头，更进一步！

潘鲁生

己亥年冬月于历山作坊

前言

在中国人的生活中，纸扎作为丧俗祭祀活动的产物，已传承上千年。纸扎自诞生之日起，即作为丧葬礼仪中的一种象征符号，表现出浓厚的信仰、礼仪特性。鲁西南丧葬纸扎，不是纯粹用于欣赏的工艺品，而是为祭祀亡灵制作的实用性供奉、祭祀用品，它与当地隆丧厚葬的习俗相伴生，承载着鲁西南乡民的灵魂观念、鬼神信仰、伦理道德、礼仪规范等多方面的内容，揭示出传统文化的深层内涵与意蕴，是鲁西南地区重视礼教传统的直观反映。

本书在通过田野调查搜集的大量第一手材料的基础上，采用整体研究的方法，考察民众生活中的纸扎如何借助视觉语言符号表述民众的心意、观念、情感，理解和把握其意义的生成与表达；同时，选取具体的仪式语境，将鲁西南纸扎还原到民俗活动情境与过程中，探究其深厚的文化内涵和丰富的艺术表现，揭示由纸扎引发的村落中纸扎艺人、孝子孝女、村民、宾客等相关群体之间的互动关系。

本书包括绪论、正文、结语三部分。绪论部分介绍了研究的缘起，在对国内民间艺术研究范式转型、近30年来纸扎研究概况、鲁西南纸扎研究现状三个层面进行梳理的基础上，论述研究目的、研究视角与方法，说明本研究从仪式语境角度考察纸扎在乡民生活中发挥的功能及其本质特征的意义所在，力求实现以小见大的研究目的。

正文的第一章从自然环境、人文历史、生活常景三个维度描述鲁西南纸扎艺术的生存空间，揭示纸扎与乡土社会、乡民生活的依存关系。由生产方式所决定，鲁西南地区至今保持着农耕文化特色，注重传统，重视礼仪，尤其是丧葬仪式，都要举行隆重的祭祀活动，从而成为鲁西南纸扎生存发展的沃土。

第二章展开纸扎的艺术形态分析。第一节梳理了随葬物由活人实物到陶俑木俑再到纸人纸马的历史脉络，考证了纸扎由唐代产生、宋代兴起、明清普及以及在现代社会出现的变化这一发展历程；同时探讨了纸扎作为明器的象征意义，认为纸扎作为艺术化的造物，是民众情感与观念的物化表现形式，因此在丧俗文化中，"假"的物品也就具有了"真"的意义。第二节考察并记述了鲁西南纸扎的类型、材料与工具、工艺流程及审美特征。第三节对鲁西南纸扎最具特色的纸扎戏曲人物进行了重点分析，探讨戏曲表演艺术和纸扎工艺这两种艺术形式如何能够实现结合与相互转换，呈现"戏中有画、画中有戏"的审美表达。

第三章通过呈现鲁西南地区具体的热丧仪式与冷丧仪式个案，将纸扎置于丧葬仪式这一乡民生活常景中考察其文化功能。纸扎作为丧葬仪式中的象征符号，虽然是静止的、无声的，但在仪式过程中又表现为动态参与的元素。通过考察纸扎从订货与制作、使用与展示直至被焚为灰烬的过程，揭示处于仪式时空中的纸扎所扮演的角色，分析纸扎所承载的乡民的灵魂观念、伦理道德、礼仪规范等方面的内容，具体而微地呈现纸扎所引发的村落中生者与死者、血亲与姻亲以及村民与孝眷、纸扎艺人之间多重社会关系的展演与互动，从而阐释纸扎在当地社会中的象征符号意义及文化功能。

第四章在对鲁西南纸扎的艺术形态和文化功能有了更深刻认识的基础上，总结纸扎艺术的特征及其生存与发展状况。由服务于丧葬仪式的功用所决定，纸扎是短命的艺术，从下单订货至在坟头被焚化，只有短短三五天时间，这种短暂性决定了其使用的材料、生产方式、工艺流程等方面都要与之相适应；同时，纸扎又是生活常态的艺术，因其实用功能未发生变化，纸扎依然表现为生活情境中的实用与审美艺术，并通过参与丧葬仪式而在乡民生活中不断重复出现；而且由于蕴含特定的信仰观念，纸扎制作无法实现产业化生产，也很难开发为旅游产品，所以纸扎一直以原生态的方式存在于民众生活中。纸扎的这两大本质特征决定了纸扎艺术生存与发展的影响要素大致包括功能的决定性作用、科技进步的主导作用、"国家在场"的控制与导向作用、民间评议的隐性影响力四个方面。在多种要素的相互作用与角力之下，鲁西南纸扎呈现出常态发展态势，至今仍是民众生活中的鲜活的艺术形式。

最后得出结论，鲁西南丧葬纸扎作为丧俗仪式中的象征符号，与乡民生活形成相互构建的关系。一方面，乡民生活形塑着纸扎，乡民的信仰观念与审美情趣决定了纸扎的生存发展状态与艺术形态；另一方面，纸扎服务于乡民生活，在丧俗仪式中整合与重构乡土社会的各种关系，并实现其审美、娱乐、教化功能。对于纸扎等丧俗艺术的保护，应使之处于自然发展状态，与生活同步，与市场关联，为它适应现实生活的自动变革创造宽松自由的环境，使它在传统与现代、机械与手工之间趋于适度的契合点。

目 录

总　序　/ 001
前　言　/ 001

绪　论　/ 001

第一章　鲁西南纸扎的生存空间　/ 014
第一节　自然环境　/ 014
第二节　人文历史　/ 017
第三节　生活常景　/ 022

第二章　鲁西南丧葬纸扎艺术形态分析　/ 037
第一节　纸扎发展的历史脉络——兼论明器的变迁　/ 037
第二节　鲁西南纸扎工艺考察　/ 047
第三节　纸扎戏曲人物　/ 077

第三章　丧俗仪式语境中的纸扎及其功能　/ 101
第一节　丧葬仪式个案中的纸扎　/ 103
第二节　鲁西南丧葬纸扎的功能　/ 127

第四章 丧葬纸扎的生存状态 ／143

第一节 丧葬纸扎的特征 ／143

第二节 丧葬纸扎生存发展的影响要素 ／156

结 语 ／165

主要参考文献 ／169

后 记 ／175

绪 论 ≫

一、研究缘起

本书选题的确定与笔者攻读硕士学位期间受到的民俗学教育背景是分不开的。早在2002年笔者就读硕士研究生期间，曾参与《齐鲁特色文化丛书·礼仪卷》的编写，负责撰写丧葬礼仪部分，这是笔者第一次从学术研究的角度接触与死亡相关的民间习俗、礼仪规范。在写作过程中，笔者深深地为传统丧葬礼仪复杂的仪式流程与规范、丰富的文化内涵与意义所吸引。我国自西周起即形成一整套繁复而严格的丧葬礼仪规范，此后历经春秋战国和两汉的发展，逐渐完善、定型，一直延续传承至今，并且形成独具特色的丧葬文化。笔者的硕士研究生导师叶涛教授曾评说，丧葬礼仪在各种人生仪礼中是最为复杂、变革最少而且包含中国传统文化内涵最为深厚的仪式。确实，丧葬礼仪承载着中国民众尤其是乡民的生死观念、鬼神信仰、伦理道德、礼仪规范、人际关系等多方面的内容，文化积淀深厚、魅力独特。由此，自硕士阶段起，笔者就对丧葬礼仪产生了浓厚兴趣。

笔者对鲁西南丧葬礼仪中的纸扎工艺的关注，始于2008年和2009年清明节期间跟随山东大学、东吴大学、中国艺术研究院师生在菏泽开展的关于丧葬习俗的田野调查。这是笔者第一次在田野调查中近距离接触丧葬礼仪，更加感觉到心灵的震撼。当时团队调研的重点是仪式规范与鼓吹乐，但因笔者硕士毕业后一直在艺术院校从事民艺研究，故在调查过程中更多地关注了仪式中的手工艺品——纸扎。丧葬仪式中的纸人、纸房、纸马、纸车等各式纸扎，以其丰富的造型、绚丽的色彩，勾画出人们头脑中想象出来的阴间生活的美好场景。与鼓吹乐热闹的声响恰恰相反，纸扎在整个丧葬仪式过程中并无声息，但通过视觉形象符号传情达意，成为无言的诉说者，表达着民众的观念心意、思想情感，促成生者与死者、制作者与使用者等多方群体的互动，充分展现出民间艺术的魅力与生命力。虽然知晓实地调查纸扎与丧葬习俗之路必然充满困难与艰辛，但笔者还是决定以鲁西南丧葬纸扎为研究选题，希望能够接续并深化对丧葬习俗及丧俗艺术的理解与感悟。

二、研究综述

（一）民间艺术研究范式的转型

长期以来，中国学界对于民间艺术的研究，主要侧重于对文本的研究，即将作品从具体的时空中抽离出来，研究其材质、造型、色彩等，往往无视它所处的时代和地域因素，也很少考虑它与创作者、习用者的关系，其脱离民众、脱离社会生活的弊病表现得愈来愈明显。

20世纪60年代以来，随着口头程式理论、表演理论、民族志诗学理论等理论方法的提出，国际民俗学、人类学研究领域开启了从单纯关注文本到注重语境的方法论的转向。所谓"语境"，原是语言学中的一个重要术语，指言语活动的各种情景因素的总和，后来成为一种思维方式和研究方法，逐渐被引入哲学、历史学、人类学、民俗学、艺术学等众多人文学科领域。上述理论的共同点就在于打破了传统民间文学以文本为中心的研究定式，而将民间文学文本的形成过程作为研究核心，将民间文学看作人类文化的一部分，将文本还原到其生存的文化范畴、语境中进行研究，注重文本与语境之间的互动，关注一定语境中的表演者与听众及其相互联系，从根本上转变了传统的思维方式和研究角度。

20世纪80年代以来，中国学者开始翻译引进西方人类学、民俗学研究成果，西方学者在相关研究领域的学术转型也影响到中国学界的研究趋向，正如张士闪所概括的："特纳的仪式理论、盖内普的阈限理论、哈贝马斯的交往理论、布迪厄的'文化资本'理论、巴赫金的狂欢诗学理论、福柯的权力理论、德里达的解构理论、格尔兹的阐释人类学理论、米尔曼·帕里和艾伯特·洛德的口头程式理论、理查德·鲍曼的表演理论、丹尼斯·泰德洛克和戴尔·海莫斯的民族志诗学理论等，都曾经由国内文艺学界、人类学界、民俗学界等辐射到乡民艺术研究领域，发生了不小的影响。"①由此，中国学者在吸收西方学者的理论和方法的基础上，结合国情实际，也转变思路，拓宽视野，开始关注民间艺术与文化、生活的关系。自20世纪90年代以来，在来自民俗学、人类学、艺术学、民族学等不同学科背景的学者们的推动下，对于民间艺术的研究也呈现出由文本向语境的转型。在民间文化整体语境观的导向下，民间艺术研究在研究理念和方法上普遍开始呈现返归乡土语境、从"地方性知识"入手的区域研究，探讨文本与乡村社会语境的关系。②一批优秀的学者就此在理论和实践方面进行了尝试和探讨，推动了这种研究范式的转换。潘鲁生的《民艺学论纲》（北京工艺美术出版社，1998年）即特别强调民艺与大众生活的密切联系、民艺的本元文化特征、民艺的生活美以及民艺的生活功能与文化功能的重要性；唐家路的《民间艺术的文化生态论》（清华大学出版社，2006年）借助生态学与文化人类学的相关理论及研究方法，将民间艺术的发生、发展及存在状态置于民间文化的整体背景和生长环境中，从文化生态学的角度对民间艺术进行综合分析和研究，都为这种范式的转型提供了理论支撑。同时，一些学者走进田野展开调查研究，在民间艺术研究领域呈现出一批精彩的个案。例如，21世纪初方李莉关于景德镇民窑的研

---

① 张士闪：《从参与民族国家建构到返归乡土语境——评20世纪的中国乡民艺术研究》，《文史哲》2007年第3期，第26页。

② 参见张士闪：《从参与民族国家建构到返归乡土语境——评20世纪的中国乡民艺术研究》，《文史哲》2007年第3期，第24-27页。

究、项阳对于山西乐户的研究、傅谨关于台州戏班的研究①，都堪称结合具体区域社会环境开展民间艺术个案性研究的典范。2006年，张士闪在《乡民艺术的文化解读——鲁中四村考察》中从"作为民俗现象的艺术活动"视角理解乡民艺术，通过昌邑西小章村的竹马、青州井塘村的香社仪式歌等四个个案研究，放眼于村落语境，深入研究乡民艺术，"还水于鱼，只有将乡民艺术置于民俗语境中才能使之得到真正的理解与阐释"②。将乡民艺术放进村落社会的秩序与地方历史文化的认同过程之中，"这已经在更为广泛的意义上，对于中国乡民艺术如何在村落生活与文化空间里得以存续、发展和变化的这一基本问题进行了新的诠释"③。此外，刘晓春、耿波等学者在探讨民间文学语境与现代都市语境中的艺术等问题上也都提出了自己的观点。④

可见，经过二十余年的探索，走向民众生活，从具体语境入手，呈现民间艺术与区域社会之间互动关系的研究方法，已成为当代民间艺术研究的重要范式与研究趋向。

（二）纸扎研究现状

纸扎，又称"扎纸活""扎作""扎彩""扎纸库""扎罩子""彩糊""烧活""花活"等，在鲁西南也称为"社火""纸活"。广义的纸扎，指以纸为主要材料扎制、裱糊而成的工艺美术品，包括彩门、灵棚、戏台、匾额、人物、风筝、灯彩等。狭义的纸扎特指用于祭祀及丧葬活动中的纸制明器，包括纸人、纸马、纸车、宅院、牌坊、摇钱树、金山银山等。本书所论及的纸

---

① 参见方李莉：《传统与变迁——景德镇新旧民窑业田野考察》，江西人民出版社，2000；项阳：《山西乐户研究》，文物出版社，2001；傅谨：《草根的力量——台州戏班的田野调查与研究》，广西人民出版社，2001。

② 张士闪：《乡民艺术的文化解读——鲁中四村考察》，山东人民出版社，2006，第6页。

③ 刘铁梁：《村落生活与文化体系中的乡民艺术》，《民族艺术》2006年第1期，第41页。

④ 参见刘晓春：《农民、乡绅与神祇叙事——一个村落神祇叙事的考察》，"民间叙事的多样性——民间文化青年论坛"论文，北京，2004；刘晓春：《民间文学的语境》，"非物质文化遗产保护视野下的传统戏剧研究"国际学术研讨会论文，天津，2008；刘晓春：《从"民俗"到"语境中的民俗"——中国民俗学研究的范式转换》，《民俗研究》2009年第2期；耿波：《从现代性后现代：中国乡民艺术的"去语境化"》，《齐鲁艺苑》2006年第4期；耿波：《相声艺术传统与北京城市文明格局的变迁》，《民族艺术》2007年第2期；耿波：《当代艺术民俗学发展的城市化语境》，《民族艺术》2009年第2期。

扎，是狭义上的丧葬纸扎。丧葬纸扎作为中国民间丧葬习俗中最为常见的一种工艺品，是与礼仪、祭祀活动密切相连的民间造物，按照潘鲁生、唐家路在《民艺学概论》中对于民艺的分类①，属于精神审美品类中的祭祀供奉类。

关于纸扎的研究，受主流政治思想影响，起步明显晚于其他民间艺术形式。目前可见到的最早成果是1988年潘鲁生发表在《民族艺术》上的《民间丧俗中的纸扎艺术》一文，对纸扎的渊源与发展、民俗内涵、技艺特征等进行了较为详细的梳理，颇具学术价值。此后，随着社会开放、思想解放，学术的独立性越来越强，对于丧葬习俗及纸扎艺术的看法越来越成熟、客观，具备艺术学、民俗学、人类学等不同学科背景的学者开始对纸扎有所关注，但研究成果依然不多，除了零星发表在一些期刊上的论文，还有几部著作，如潘鲁生主编《中国民间美术全集·祭祀编·供品卷》（山东教育出版社、山东友谊出版社，1993年）和潘鲁生、黄永健著《山东民艺采风录·纸人纸马》（河北美术出版社，2003年）等。自2011年始，纸扎成为学者关注的热点，2011—2013年关于纸扎的论文共20余篇，并出现了2篇硕士论文，研究视角也更加多元化。

目前关于纸扎的研究成果大致分为六类：

一是分析地方纸扎工艺。代表性论文有曹田的《扬州纸扎技艺的考察与研究》（《南京艺术学院学报》2011年第1期）、刘敬文的《淮安李记纸扎工艺田野调查报告》（《艺术教育》2013年第3期）、陈剑与常龙珠的《中原地区丧葬纸扎的类型与工艺》（《装饰》2013年第4期）、路春娇与张磊的《河北磁县闫氏纸扎制作工艺及艺术特征解析》（《石家庄职业技术学院学报》2013年第4期）、杨永智的《凿金切银染丹青——台南的纸扎艺术与"钻料"技艺》（《年画研究》2013年）、王虹力的《湘西凤凰纸扎工艺的研究与发展》（硕士学位论文，西安美术学院，2013年）等。在所有纸扎研究论文中，此类论文的数量最多。

---

① 参见潘鲁生、唐家路：《民艺学概论》，山东教育出版社，2012，第32页。作者将民艺分为八类，其中以审美和精神生活为主题，分为祭祀供奉类、装饰美化类、娱玩教化类、游艺竞技类；以实物和物质生活为主题，分为穿戴服饰类、宅居陈设类、生产劳作类、生活起居类。

二是探讨纸扎在丧葬礼俗中发挥的文化功能及意义。代表性论文有潘鲁生的《民间丧俗中的纸扎艺术》（《民族艺术》1988年第1期）、张道一的《魂归何处——谈丧葬和祭祀的纸扎艺术》（潘鲁生主编《中国民间美术全集·祭祀编·供品卷》所附专论）、焦成根等的《凤凰纸扎及其民俗意味》（《装饰》2012年第4期）、窦兆娜的《汉族丧葬礼俗中纸扎文化的考察与研究——以山东沂水县许家湖镇为例》（硕士学位论文，广西民族大学，2012年）、吴春艳的《丧俗中纸扎品的情感镜语及其审美价值》（《神州民俗》2013年第1期）、孟令法的《殡葬与纸扎》（《寻根》2013年第2期）等。

三是概括性介绍地方纸扎。此类论文大多篇幅短小，相关论文有谭山宜的《惠州的纸扎艺术》（《岭南文史》1996年第2期）、张振国的《上海民间的纸扎工艺品》（《上海艺术家》2000年第Z1期）、金萱的《西塞神舟会及其纸扎艺术》（《中国美术馆》2006年第10期）、丘斌与张苇的《赣南客家纸塑人》（《装饰》2003年第12期）、林爱芳的《焚烧的艺术——客家人祭祀活动中的供奉纸扎》（《装饰》2011年第5期）、张亚玲的《通渭丧葬习俗中的纸扎工艺》（《甘肃高师学报》2012年第6期）等。

四是对纸扎的起源与发展历史加以梳理。相关论文有潘鲁生的《民俗"纸扎"之源流》（《中华文化报》2006年4月27日）、陆锡兴的《古代的纸扎》（《中国典籍与文化》2007年第4期）、刘阳的《古代乡村明器纸扎渊源钩沉》（《农业考古》2011年第4期）等。其中，陆锡兴的《古代的纸扎》征引大量文献资料与考古资料，对我国古代纸扎发展史进行了梳理，论证纸扎自南北朝后期生发，到宋元时期基本定型，直至明清时期达到顶峰，考证较为周详可靠。

五是论述纸扎的传承保护与开发利用问题。此类论文数量不多，相关论文有李新华的《山东丧葬纸扎工艺的形态及其开发利用》（《民俗研究》2004年第4期）、张旺的《湘西凤凰纸扎的传承危机及传承保护》（《民族论坛》2011年第18期）、陈琦的《论民间纸扎工艺与现代灯具装饰的结合》（《现代装饰》2012年第11期）等。

六是对于纸扎艺人的个案性研究。目前关于纸扎艺人的研究成果仅见于对凤凰纸扎艺人聂方俊的研究，例如徐德君的《凤凰纸扎工艺传人聂方俊》（《民族论坛》2003年第1期）、左汉中的《纸扎传人聂方俊》（《老年人》2004年第5期）、聂元松的《篾骨纸裱的彩绘精灵——聂方俊和他的纸扎人生》（《民族论坛》2010年第4期）等。

由现有的研究成果可以看出，20世纪90年代以来民间艺术研究领域呈现出的由文本向语境的研究范式转换趋向，在关于纸扎的研究方面表现得并不明显。现有研究仍然集中于对艺术本体的研究，即分析纸扎的材质、造型、色彩等艺术语言表现形式。然而，纸扎并不是单纯的艺术创作，而是与丧葬礼仪、民间信仰、亲族关系等民俗事象密切相连，它借用视觉语言符号是为了表述民众的心意、观念和情感。因为纸扎就是民众的生活，所以要将纸扎"还原到原生态的民众生活和民俗活动情境和过程中才能体现其丰富多样、深沉厚重的文化内涵和艺术感受"[①]。若不结合具体民俗生活语境，便无法真正探知纸扎艺术的本真性。近几年探讨纸扎的民俗意味与文化功能的论文有所增加，表明纸扎研究也开始呈现向语境转换的趋向，但此类论文大都是从宏观层面笼统述说，并未结合具体仪式情境展开论述，在揭示纸扎与乡土社会之间的互动关系方面也就无法深入。此外，现有纸扎研究依然是重"艺"轻"民"、见物不见人，即便个别研究者关注到了纸扎艺人，但无不忽略了纸扎的使用者。促使纸扎产生并发挥作用的因素，除工艺的制作者——艺人群体之外，更重要的是其习用者群体，包括孝子孝女、村民、宾客等，他们对纸扎的使用、观赏、评议等互动活动，使纸扎得以完成使命，实现审美价值和社会价值。然而，对于纸扎受众的分析又必须在具体的仪式情境中才能完成。

（三）鲁西南丧葬纸扎研究现状

鲁西南地区，广义上包括菏泽、济宁、枣庄地区，狭义上指菏泽市所属地区。因菏泽纸扎特色最为鲜明，且限于篇幅与学力，本书采用的是狭义的鲁西南概念，论述范围仅限于菏泽地区。

---

① 唐家路：《民间艺术的文化生态论》，清华大学出版社，2006，第92页。

关于鲁西南地区的纸扎研究，相关成果主要集中于对戏曲纸扎的研究上。例如，潘鲁生的《山东曹县戏曲纸扎艺术》（《望》1990年第2期）、潘鲁建的《戏曲纸扎摭谈》（《民俗研究》2000年第3期）、唐家路与王拓的《扎纸做戏》（《山东画报》2008年第3期），对戏曲纸扎尤其是曹县戏曲纸扎的题材、工艺、艺术特色等做了较为详细的调查与分析；刘进的《生命的休止符——鲁西南纸扎装饰艺术符号解读》（《美与时代（上）》2012年第2期）和《鲁西南纸扎与丧俗研究》（《菏泽学院学报》2012年第3期），从丧葬习俗角度分析了纸扎的文化功能、民俗意味；郭辉的《曹县纸扎》（《文化月刊》2012年第3期）则是对曹县纸扎的简要概述。可见，关于鲁西南丧葬纸扎的研究成果并不多见，且现有论述也不够全面、深入。

总的来说，无论是鲁西南的纸扎还是其他区域的纸扎，现有研究成果多数还是介绍性、普及性的，而且大都从艺术形式角度展开论述，应该说这是纸扎研究必不可少的基础环节，但随着研究理念和方法的转变，这种研究的局限性也越来越明显。将纸扎还原乡民生活，通过对具体仪式语境的考察，分析其艺术特色、民俗意味和意义内涵，已是研究的必然趋向。

三、研究目的与意义

民间艺术作为民众生活的艺术，既是一种艺术的语言，又是情感的语言，更是生活的语言，其价值也必定要在特定的社会环境中得以实现。因此，只有将民间艺术置于民俗语境中，与所处的社会文化背景、民众生活空间联系起来进行考察，才能深入理解和把握其意义的生成与表达，真正领略其文化内涵与艺术神韵。

本书研究的是丧葬仪式中的纸扎，它作为生发于、存活于乡民生活及民间信仰活动中的艺术，是乡民思想意识、信仰心理和审美心理的表现形式。纸扎制品虽然存在的时间十分短暂（这一特点与需要珍藏的艺术品以及可持续使用的实用性工艺品形成鲜明对比），但它们在短暂的生命中发挥着什么样的作用？寄托着民众怎样的信仰、观念与情感？为什么要在庄严肃穆的祭奠场合摆放大红大绿色调的纸扎？为什么作为一次性用品（使用一次即消耗殆尽）还要制作得极其精美？它们具体通过什么样的方式完成自己的使命？为什么纸扎能够传承上千年而不改，至今仍活跃在乡村社会？……如果不结合民俗生活，不结合丧俗仪式，我们就无法深入理解乡民的情感和观念，也就无法回答这些问题。只有在具体的丧俗仪式活动中考察纸扎，观察各类人群的动作与表情，感受繁复的行礼过程，听见鼓乐班奏响的曲目，我们才会对这种民间艺术形式有新的理解和感悟，才能够更深刻地审知纸扎与同质民间艺术的特征及其传承与发展之路。

本书以鲁西南丧葬纸扎为个案，借由具体的丧葬仪式，将纸扎还原于仪式这一乡民生活常景之中，在具体的仪式活动中考察纸扎如何在乡民生活中被使用、传承，综合考察、审视其社会功能、艺术特色与生存状态，尤其是与纸扎的使用者——乡民联系起来，突出纸扎对乡民生活的影响，尝试"以乡民艺术为轴心建立起田野研究的关联性动态视野，在民众仪式性表演实践与村落生活规范之间发现并揭示出'民艺'活动的某些'文化逻辑'"[①]，揭示由纸扎引发的村落中各种社会关系的展演与互动，力求实现以小见大的目的。

笔者认为，对鲁西南丧葬礼俗中的纸扎艺术的研究具有以下意义：一是通过扎实的田野作业，对鲁西南丧葬纸扎的艺术形态、文化功能进行详细的记录、分析，形成一个关于区域民艺研究的典型个案，为民艺学理论研究提供可供参考的资料。二是以纸扎存在的语境——丧葬仪式为切入点，围绕纸扎艺术，采用仪式中人际互动的微观研究视角，通过对仪式中的纸扎进行"深描"，阐释纸扎艺术品与所处乡村社会环境、乡民生活之间的互动关系，深刻理解"地方性知识"体系中的纸扎的功能与本质特征。三是通过考察鲁西南纸扎的基本特征与生存状态，分析影响其发展的科技进步、国家在场等外在因素与民众信仰观念表达、审美观念变化、民间评价体系制约等内在因素，探讨传统民艺在当今时代背景下的历史命运与发展保护策略。

[①] 刘铁梁：《村落生活与文化体系中的乡民艺术》，《民族艺术》2006年第1期，第41页。

四、研究方法与资料来源

（一）研究方法

1. 生活整体的研究视角

在民俗学研究领域，刘锡诚于1988年提出要对民俗进行"整体研究"的倡议，认为民间艺术作品作为文化的一个小小组成因素，都不是孤立存在的，而是与一定的文化环境相联系的，所以研究时要将之放到原初的生存环境中，才能真正了解它、阐明它。1991年，高丙中在其博士论文《民俗文化与民俗生活》中更加全面、深入地论述了"整体研究"的主张，提出当代中国民俗学研究迫切需要实现由民俗事象研究向民俗整体研究的转向，并指出："民俗整体研究重新恢复被事象研究抽掉的人和情境的本来位置，它关心整个民俗事件，把民俗过程中的各个因素看作一个整体进行研究。它着眼于生活中的人和人的生活来研究民俗。它依靠田野作业直接观察并参与到民俗事件中去获得资料，全面掌握事件中各个因素以及它们的相互关系和意义。"①"整体研究"的视角为民俗学、民艺学研究开启了新的视角和方法，一批学者在各自研究的践行中取得大量成果。

民间艺术与民俗活动密切相关，其本身就是民俗生活的一部分。钟敬文曾评说："不将民间艺术当作民俗现象来考察，不研究它与其他民俗活动的联系，也就使民间艺术失去了依托，不可能对民间艺术有深层的了解。"②刘铁梁也曾指出："因为乡民艺术的展演活动，是离不开乡土社会的具体生活环境与整体文化模式的，所以乡民艺术的意义也就需要在这种生活中去解读。因此，如果说民俗学能够对艺术学有所借鉴的话，那么重要的一点应该是对社区文化进行整体解读的方法。"③因此，笔者从跨学科的角度，借用民俗学"整体研究"方法，考察、分析鲁西南乡民生活中的纸扎艺术。

纸扎作为乡民民俗生活的组成部分、文化结构体系中的符号，其内容

---

① 高丙中：《民俗文化与民俗生活》，中国社会科学出版社，1994，第8页。
② 钟敬文：《话说民间文化》，人民日报出版社，1990，第117页。
③ 刘铁梁：《村落生活与文化体系中的乡民艺术》，《民族艺术》2006年第1期，第39页。

与形式都受到民俗生活的制约，反映出受众群体的生活状况与思想情感。所以笔者并不是单纯研究纸扎的艺术特性，而是综合考察、分析纸扎所生存于其中的民俗文化与民俗生活整体，探究纸扎如何发挥文化功能，如何建构丧葬仪式中习用者、纸扎艺人、村民之间的多重关系，克服以往相关研究中见物不见人的弊病。正如倡导"物质行为"研究的迈克尔·欧文·琼斯所说："只有当制造者与使用者同物品构思、制作和使用的过程一起成为调查的对象——而不只是手工艺品才是调查对象，民间艺术研究才能彻底达到它的目的。"① 故此，本书在论述中虽以"物"为中心，但关注、审视的是在特定时空中与人和事相连的"物"，透析生活与艺术的互动关系，试图由对纸扎的艺术表现的简单描述上升到思考后的"深描"，做出符合"地方性知识"特征的理解和阐释，还原纸扎在鲁西南民众生活中的本来面目。

　　2. 仪式语境的选取

　　仪式是特定民俗场域，是事件在特定时间、特定场合的集中展演。一方面，它通过各种象征手段，并且在很大程度上依照文化规范中的角色理想来演示，更能展现社会结构的一般表现形态。另一方面，仪式也是人际关系的大展演，鲜明地呈现出理想中的规范化的个人在社会关系网络中的结构性位置、权利和义务，有助于揭示更深层的隐性的人际关系。拉德克里夫-布朗关于仪式研究的整合理论主张"通过对人类行为加以研究，呈现社会总体形态及社会各部分之间的相互关系"②，他认为仪式行为有着社会与心理功能，其社会功能作用于社会结构之上，从而推动将个体联系在一起的社会关系网有序地运作；而仪式对于参与个体的当下或直接的影响则是仪式的心理功能。

　　丧葬礼仪作为人生仪礼中的最后一种仪式，是生者为死者送别的"过渡性仪式"，寄予了生者对死者的哀思与祝福、对鬼魂的敬畏与祈求，集中了与死者相关的各种社会群体，包括孝眷、家族成员、姻亲、朋友、村民以及纸扎艺人、鼓乐班、厨师等，成为社会关系集中展演的大舞台，而且主流

───────────────

①　[美] 迈克尔·欧文·琼斯:《手工艺·历史·文化·行为: 我们应该怎样研究民间艺术和技术》，游自荧译，《民间文化论坛》2005年第5期，第87页。

②　王铭铭:《仪式的研究与社会理论的"混合观"》，《西北民族研究》2010年第2期，第16页。

社会价值观、伦理观的执行与维持也通过仪式不断得到强化。依托于丧葬仪式的纸扎制品，作为仪式中必不可少的象征符号，与祭奠礼、五服制、鼓吹乐等相同，也承担着相应的使命，发挥着重要功能。对于纸扎的研究，如果"仍然在以艺术作品被记录的最终结果或形式如文字来研究"，"把艺术的一部分当成全部，而不是将它视为一个动态的过程，这不能不说是一个很大的偏失"①。纸扎不是单纯审美的工艺品，更不是静止的艺术现象。一方面，纸扎的制作是包含了"创作理念—指导行为—完成物化的作品—作品的社会反馈—影响创作理念"这样一个循环作用的行为过程；另一方面，纸扎参与了整个丧葬仪式过程，从制作、展示到最终焚烧，表现为活动的、连续的过程，它所呈现出的静态图示随着仪式的推进也富有了动态和变化。"民间艺术无论是在日常的生产生活中，还是在规范化、模式化的民俗生活中，它所体现的形态特征以及艺术审美等精神文化内涵和功能、心理体验、知觉感受等，便不再是单一的，而是动态的、变化的，同样也是丰富的，那么对它的研究就应该是全方位的、多侧面的。"②因此，本书将纸扎还原于时空汇聚的仪式情境中，对其动态发展过程进行具体分析，关注纸扎艺术在丧俗仪式中发挥的作用以及对乡民行为、情感、愿望的展现，实现对鲁西南乡民生活方式及人际关系秩序的理解。

（二）资料来源

1. 田野调查资料

本书所用的资料大多为田野调查搜集的第一手资料。2009年10月至2014年2月，笔者赴菏泽市牡丹区、曹县、鄄城、成武、定陶进行了七次调研，考察了两场出殡仪式和三场三周年仪式，了解了鲁西南丧葬仪式的一般流程及纸扎在仪式中的使用情况；对张玉周、张广寒、周广良、张秋生等纸扎艺人进行了较为深入的访谈，调查了纸扎的制作工艺及艺人的生活、技艺传承等问题；在菏泽乡间采访了丧葬仪式的执事、主家、宾客、

---

① 户晓辉：《作为过程的艺术》，《民族艺术》2002年第1期，第18—19页。
② 唐家路：《民间艺术的文化生态论》，清华大学出版社，2006，第91页。

民间戏曲艺人以及政府文化部门工作人员等与纸扎艺术相关的群体，获取多方面的口碑资料。

2. 文献资料

笔者查阅了山东省及菏泽地区的地方志、文史资料、民俗志与非物质文化遗产资料，具体包括山东省地方史志编辑委员会编写的《山东省志·民俗志》、山东省文化厅史志办公室编印的《山东省文化艺术志资料汇编》、山东省菏泽市史志编纂委员会编写的《菏泽市志》、山东省曹县地方志编纂委员会编写的《曹县志》等，从中查阅了有关丧葬习俗、纸扎、戏曲的资料；周广良的《鄄城民俗》与李树艺的《东明民俗》，为本书提供了生动鲜活的民俗资料；由政府文化部门主持编印的《菏泽市非物质文化遗产资料汇编》和《山东省非物质文化遗产资源普查汇编——菏泽市曹县卷》也为本书的撰写提供了一些线索。

第一章 鲁西南纸扎的生存空间 ≫

民间艺术是民众在生活土壤中创造、传承、享用的艺术形式，必然与其所处的自然环境、人文历史、民俗生活息息相关，表现出鲜明的地方特色。鲁西南纸扎也不例外，生发于鲁西南这片沃土之上，呈现出鲜明的农耕文化特色。

美国民俗学者阿兰·邓迪斯认为"某项民俗的语境就是该项民俗被实际使用时所处的具体社会环境"。就纸扎而言，它的产生和传承既涉及纸扎艺人、使用者、观赏者以及纸扎所处的生活环境、仪式场合等共时性因素，也涉及文化传统等历时性因素，众多要素共同构成了纸扎艺术的语境。

第一节　自然环境

菏泽之名源于《禹贡》，因南有菏山、北有雷泽而得名（一说因历史上的大湖"菏泽"而得名），古称曹州，地处山东省西南部，东部和北部与济宁为邻，西部和南部与苏、豫、皖三省接壤，辖牡丹区、定陶区和曹县、单县、成武、巨野、郓城、东明、鄄城七县，以及两个开发区。

菏泽市位于黄河下游，属于广袤的黄河冲积平原，地势平坦，土层深厚，具有适合农业生产的良好的地理条件，加之属暖温带、半湿润季风气候区，四季分明，全年光照充足，热量丰富，雨热同季，适宜多种农作物生长。自古以来，菏泽地区就是典型的农作物种植区。胡朴安在《中华全国风俗志》中记载，曹州菏泽县"男子专务耕织，不事商贾；女子治丝枲，纂组无惰"[①]。耕织为当地百姓主业。当代中国正处于转型期，虽普遍受到现代化与商业化的冲击，但菏泽人民的生产方式并未发生巨大变革，依然以农业生产为主。直到现在，菏泽仍是全国著名的商品粮、棉、林、畜生产基地。当地主要种植小麦、玉米，兼种棉花、大豆等作物。同时，菏泽是中国平原地区大型林产品生产、加工、出口基地之一，林木总蓄积量约占全省总量的六分之一，尤其桐杨木品种优良，种植面积大，许多村落的村民都从事桐杨木加工。20世纪80年代以来，菏泽以农林产业为主的经济发展模式，致使工业基础薄弱，经济发展水平在山东省处于落后地位，但也因此基本保持着传统农耕文化特色，并为当地民间艺术提供了生存发展的生态文化空间。

菏泽地处黄河滩区，历史上，菏泽地区受黄河影响至深。自西汉至清朝约两千年的时间内，黄河在菏泽地区决口124次，大的改道泛滥有6次，其中有2次夺淮入海。古代菏泽地区地势低洼，湖泽浩渺，河流众多，北魏地理学家郦道元在《水经注》中记有四泽（菏泽、雷泽、大野泽、孟渚泽）、八水（济水、濮水、沮水、灉水、菏水、丹水等）及十几条河流，后来大多被黄河湮没。如今，黄河自河南省兰考县流入菏泽地区，流经辖区内的东明县、牡丹区、鄄城县、郓城县，南境沿曹县、单县边界有百里黄河故道（黄河夺淮改道的遗存），可以说菏泽市正处于黄河新旧河道与大运河之间的三角地带。黄河为当地人民带来充沛的水资源的同时，也给人们带来深重的灾难。黄河频繁地改道泛滥，纵横位移于菏泽境内，使人们多年面临水患的袭扰，深受其苦。此外，由于菏泽境内降水分配不均，又经常受到北方大陆气团的

---

① 胡朴安：《中华全国风俗志》，河北人民出版社，1986，第23页。

影响，故灾害性天气，如干旱、大风、暴雨、冰雹等自然灾害比较多。再者，历史上，菏泽作为中原地区的交通要冲，地理位置居"天下之中，诸侯四通"，兵战也特别多，加深了当地人们的苦难。

在中国古代社会，乡村维持生存发展的基本条件即物质生活资料长期以来是不够充分的，甚至是十分匮乏的，乡民大多过着饥饿、贫困的生活。鲁西南乡村也是如此，农业生产本就十分艰辛，又时常赶上天灾人祸，总是为苦难的阴影所笼罩，加上人生中生死、尊卑、贵贱、善恶、安危等问题的困扰，令乡民倍感生活的压力。"对于种种难以解决或无法解决的不尽人意的境遇，人们往往诉诸精神手段，以求替代性的解决和满足。处在这种现实实践关系之中，种种切身的利益和功利需要，往往占据着优先、显著的位置，往往构成社会活动和个体行为的中心目标或共同目的。"①因此，一方面，多灾多难的历史，使鲁西南民众也特别倾向于从神灵信仰中获取精神安慰，当地神灵信仰特别盛行。另一方面，困苦的生活未能阻挡人们追求幸福的愿望和脚步。在长期与自然的抗争中，鲁西南民众磨炼出坚强的意志，培养出乐观的性格，在生活中勇于追求并积极创造着美，以调解消极情绪，减轻生活中的苦难感。例如，姑娘们用织花布为自己织出美丽的嫁妆，表达对未来美好生活的渴望（图1-1）；神庙、祠堂、民居等建筑上造型生动传神的砖雕，将生活装点得更加美丽（图1-2）；丰富多样的音乐、舞蹈、戏曲、曲艺等

图1-1 鲁西南织花布（中国民艺博物馆藏）　　图1-2 鲁西南民居上的脊兽砖雕

---

① 吕品田：《中国民间美术观念》，湖南美术出版社，2007，第223页。

民间艺术形式，给人们带来欢乐与宽慰。即便面对死亡，鲁西南民众也从未放弃美好的设想，将这种理想寄托到所谓阴间世界，乡民生前未曾实现的幸福生活和美好愿望，都在花花绿绿的纸扎供品中得到充分的满足。

第二节　人文历史

菏泽历史悠久，是中华民族发祥地之一，上古传说中的伏羲、炎帝、黄帝、颛顼、帝喾、尧、舜、禹、汤都与菏泽息息相关。菏泽是传说中伏羲的故乡，华胥氏在雷泽（今鄄城境内）履大人迹而生伏羲；菏泽也是尧舜禹汤活动的重要区域，《汉书·地理志》记载："昔尧作游成阳，舜渔雷泽，汤止于亳，故其民犹有先王遗风。"①成阳位于今定陶境内，亳位于今曹县境内。此外，菏泽各县（区）发现有新石器时代北辛、大汶口、龙山、岳石等堌堆②文化遗址156处，如牡丹区安邱堌堆、曹县安陵堌堆、郓城县肖堌堆、东明县窦堌堆、定陶县官堌堆、鄄城县历山堌堆等，这些堌堆是上古时期岗丘布野的佐证，可见这一地区开发之早。夏朝时期，"今菏泽市境大部属兖州，西南部属夏之三鬷国。"③商朝时期，改三鬷为曹国。两周时期，菏泽地区交通便利，人口繁盛，经济发达，为齐鲁文化、荆楚文化和吴越文化的交汇之地，被视为"天下之中"④；也因其重要的地理位置，成为各诸侯国重点争夺的对象。发达的经济为思想文化的发展提供了坚实的物质基础，多方政治势力的相互角逐引发各种思想融汇激荡，推动思想文化发展、繁荣。在秦之后两千

---

① ［东汉］班固：《汉书》，中州古籍出版社，1996，第582页。

② 大汶口文化晚期至春秋战国时期，菏泽为一片水乡泽国，而且濒临黄河，为躲避水患和野兽的袭扰，人们便在高地上筑室而居，且不断加高，形成高出周边地面的堌堆，后来则成为公共墓地或庙宇。

③ 山东省菏泽市史志编纂委员会编《菏泽市志》，齐鲁书社，1993，第50页。

④ 参见《史记·货殖列传》："朱公以为陶天下之中，诸侯四通，货物所交易也。"（司马迁：《史记·货殖列传》，线装书局，2006，第539页。）

多年的王朝时代，饱受黄河水患和战争离乱之祸，菏泽几经兴衰变迁，但深厚的文化传统仍一脉相承，历代名家贤达辈出。

菏泽文化底蕴深厚，它作为牡丹之乡誉满全国，同时也是书画之乡、武术之乡、戏曲之乡，这三个方面成为菏泽最具典型性的文化特征。

悠久的历史、丰厚的文化积淀培育了菏泽浓郁的书画创作氛围。菏泽书画历史源远流长，历史上名家辈出，晁补之、商挺、李昭己、马延熙、郭如仪、刘琨、田如烆以及何氏家族、曹氏家族等都为书画艺术留下了宝贵的历史遗产。近代著名书画家有牛千古、郑树屏、李眉川等，现代有晁楣、田伯平、何方华、张得蒂、包备五、鲁风、吴东魁等。除了这些书画名家，菏泽群众性书画活动也十分普遍，有着广泛的群众基础，尤其是自改革开放以来，"书画热"遍及城乡，成为当地群众文娱活动的重要内容之一。菏泽市有各类书画协会、书画研究会等20多个，其中曹州书画院是全国规模最大的地市级书画院，是菏泽书画研究、创作、收藏、展览活动的中心。巨野县于2000年被中国文联授予"中国农民绘画之乡"称号，全县有4个绘画专业镇、50个专业村，农民书画师6300余人，以工笔牡丹为主要创作题材，还包括仕女人物、动物、四季花卉以及描写当代农家生活场景等题材的工笔画（图1-3），并形成集创作、销售、装裱于一体的大型绘画点达30余处。

图1-3 曹县农民工笔画

　　菏泽历史上为中原重镇，历来为兵家必争之地，当地百姓深受兵灾之苦，加上境内黄河时常泛滥，给百姓带来深重的灾难。统治者对此却置若罔闻，由此，农民起义也曾多次发生在这片地域。领导过农民起义的隋朝末年的孟海公、唐朝末年的黄巢、北宋末年的宋江、明朝末年的徐鸿儒等均生长于此，明嘉靖年间谢汉（单县浮岗集人）等发动的白莲教起义，清光绪年间的曹州大刀会和1899年的曹州义和团也主要在此地活动。当地人民倍受颠沛流离之苦，自发习武，强身健体，除暴安良，蔚然成风。明清时期，菏泽就与徐州、青州、沧州并称全国四大"武术之乡"。新中国成立前，菏泽各县大都建有国术馆；新中国成立后，武术组织、社团越来越多，群众武术活动遍布城乡，菏泽市有80%的乡镇、40%的行政村开展有武术健身活动，单县、郓城、巨野、牡丹区、鄄城等五县区被国家体委命名为"武术之乡"（图1-4）。在菏泽，男女老幼习武者到处可见，流传于民间的武术拳种和器械套路达40余种，至今主要流传有梅花拳、大洪拳、炮拳、水浒拳、二红掌、少林拳、太极拳等武术拳种，大多招式朴实无华，但技法多变，技击性、实战性强。

图1-4　鄄城洪拳武术馆

菏泽人民历来崇文尚武，性格中既有文质彬彬的一面，又表现出质朴淳厚、粗犷豪迈的一面，"文"与"武"的特质在菏泽人民身上实现了完美的融合，丝毫未显冲突。菏泽戏曲活动的盛行也体现出菏泽人民这种文武兼备的特征。

菏泽市戏曲活动历史悠久，剧种多、剧团多、剧目多、知名艺人多，享有"戏曲之乡"的美名。菏泽是山东梆子、两夹弦、大平调、大弦戏、四平调、柳子戏、枣梆的发祥地，豫剧与曲剧也在当地十分流行。明末清初，菏泽地区的戏剧活动已较普遍，1760年左右成立的"大姚班"，名伶荟萃，在鲁西南一带十分出名。

山东梆子，又称"高调梆子"，约在清代初期就已相当流行，主要流行于菏泽、济宁、泰安地区，以菏泽为中心的称为"曹州梆子"，以济宁及泰安的汶上为中心的称为"汶上梆子"。山东梆子经常上演的传统剧目有600余个，基本剧目有"老十八本"（如《敬德访白袍》《大登殿》）、"十七山"（如《岐山角》《二龙山》）、"十二关"（如《反昭关》《过五关》）、"五阵"（如《五雷阵》《黄河阵》）和"六州"（如《反徐州》《平霍州》）等。其表演程式动作粗犷，架势夸张，例如黑脸上场亮相时，要求双手举过顶，五指分开；表示愤怒、急躁的情绪时，吹胡子、瞪眼、活腮、晃膀、跺脚、捋胳膊。又如各角色"推圈"时动作不同，红脸从眼角处平推右臂；武生将手与嘴角持平，四指并拢，拇指跷起；旦角从胸前开始，四指并紧，拇指内屈，"推圈"时幅度较小，动作拘谨。

当地流行的两夹弦，也称"二夹弦""大五音"，其得名来自主要伴奏乐器四胡，四胡有四根弦，每两根弦夹着弓上所系的一股马尾，用以拉奏。两夹弦兴起于清道光年间，是由地摊小唱花鼓丁香①演变而来，唱腔缠绵悱恻、亲切优美、委婉细腻，易于表达各种感情，深受当地人喜爱。其表演形式较为简单，唱功重于做功，所演剧目主要是以小生、小旦、小丑为主角的生活

---

① 花鼓丁香是清中叶已流行于鲁西南地区的一种曲艺形式，因经常上演《休丁香》（即《张郎休妻》）而得名。

小戏（俗称"三小"），如《安安送米》《小姑贤》《梁祝下山》等。近代排演的剧目有《三拉房》《三进士》《拴娃娃》《清官断》《九女庵》《金镯玉环记》等。

大平调，又称"大梆子戏"或"大油梆"，流行地区以菏泽为中心，覆盖冀、鲁、豫、皖、苏五省交界地区。大平调历史悠久，明代弘治年间即有记载。河南的"滑县大梆""陈州大油梆"传入菏泽后，受当地方言影响，并吸收当地民间武术招式，移植了部分山东梆子剧目，逐渐形成独立剧种，即大平调。传统剧目有1000多个，经常演出的有180多个，多以历史题材为主，内容主要取材于《东周列国志》《三国演义》《水浒传》《杨家将》《隋唐演义》《说岳全传》《英烈传》《包公案》等古典小说，也有根据民间故事改编的，如《苏武牧羊》《九头案》《火牛阵》《官三怕》《民三怕》《胭脂判》《刘玉娥招亲》等。角色以生、净为多，以生为主角的戏有《下高平》《下江南》《晋阳关》《反徐州》等，以净为主角的戏有《战洛阳》《铡赵王》《赵公明下山》《张飞滚鼓》等。大平调表演粗犷豪放，刚劲有力，粗中见细，刚中有柔，夸张中不失真实，豪放中更见优美，地方特色鲜明，因而当地民谣唱道"四大扇，尖子号，论听还是大平调"[①]。

大弦戏，因最初只用三弦为伴奏乐器而得名，流行于鲁西南和豫东北交界地带，是由元杂剧之"弦索腔"发展演变而来的古老剧种，明代弘治年间即有相关文字记载。现存剧目100多个，多系工架戏，代表剧目有《火龙阵》《金麒麟》《两架山》《牛头山》《孙武子兴兵》《斩王秀兰》《奇中遇》《访山东》等。大弦戏表演粗犷泼辣，动作幅度大而夸张，在台上踢脚、分手亮相、打飞脚等是基本动作，武场多使用真刀真枪，表演程式含有大洪拳工架，一招一式都要求在"点子"上。

四平调流行于鲁、豫、苏、皖四省交界地带，由民间说唱形式"花鼓"演变而来，现存剧目200多个。四平调表演队伍精干，服装道具简易，在街

---

① 四大扇为大铙、大钹、二铙、大马锣，尖子号为长约两米、状若喇叭的铜号，都是大弦戏的"武场"打击乐器，用以烘托剧中主角或帝王将相上场及兴兵、打仗等音乐气氛，以显场面威武雄壮。但在当地民众的心目中，这些都赶不上大平调的独特韵味。

头巷尾、集市庙会划地为场即可演出，剧目生活气息浓郁，表演形式风趣活泼，载歌载舞，通俗易懂，为乡民所喜闻乐见。最初多演以小生、小旦、小丑为主角的"三小戏"，新中国成立后健全了各行当，不但能演生活小戏，也能演连本大戏，既能演文戏，又能演武戏。

菏泽地方剧种的表演风格粗犷豪迈，注重武戏，这与当地民风尤其是爱好武术的传统有关。例如，大平调在形成过程中就吸收了当地民间武术招式，融合到表演中，武打动作刚健沉稳，劲力充沛，动自为法，不动为架。

看戏听戏是鲁西南人民的一大乐事，无论祝寿、婚丧、祭祖仪式，还是逢年过节或庙会、集市期间，都要请戏班搭台演戏。当地民众的这一爱好也深刻影响到人们对于亡者的观念，通过纸扎戏曲人物的塑造，也为亡者送上一出出戏剧，让其在所谓的阴间也能得到这种精神享受。鲁西南多样的戏曲形式、丰富的戏曲故事情节、生动的戏曲人物形象，为纸扎戏曲人物提供了丰富、鲜活的素材。纸扎艺人更是在耳濡目染中观察、揣摩演员的动作、表情、装扮，将一个个人物塑造得栩栩如生、生动传神，成为鲁西南纸扎工艺的一大亮点。

除戏曲艺术形式之外，菏泽地区的山东花鼓（花鼓丁香）、山东落子、山东琴书（南路）、莺歌柳书、河南坠子、山东快书、评书、道情等曲艺艺术也是源远流长、异彩纷呈，丰富了鲁西南人民的生活。

第三节　生活常景

"风俗"是中国传统社会大众生活文化特性的词语概括，"风"强调风土等自然地理条件对人的行为的影响，"俗"是一种习以为常的社会生活模式。风俗具有自然与人文兼备的二重性。[①]菏泽地区历来以耕织为本，民风淳

---

① 萧放：《中国传统风俗观的历史研究与当代思考》，《北京师范大学学报（社会科学版）》2004年第6期，第31页。

朴，注重仁义，风俗俭啬。《汉书·地理志》载："（曹州）重厚多君子，好稼穑，恶衣食，以致畜藏。"[①]胡朴安《中华全国风俗志·山东·曹州》载："（菏泽县）其醇朴大略不异古风。""（单县）风俗俭朴，车服简素，赋税易完。""（城武县）民俗坦夷，厚重多君子，无机械狙诈之习。……士重名节，轻势利，有败行者，众非笑之。""（曹县）曹风深醇和厚，男耕女织，风俗可观。地饶而沃，生息蕃庶，故多世族。""（郓城县）民务稼穑，多读书，士风彬彬。聚会则相欢，守望则相助，重儒雅而轻势利，存廉耻而羞苟得。"[②]这种质朴淳厚、崇文尚德的风气，至今仍影响着菏泽人民。

一、经济生产

鲁西南村落大多以农作物种植业为主，人均耕地一亩左右，主要种植小麦、玉米等。十几年前几乎家家种植棉花，但因收益不高且管理复杂，现在大多不再种植。农业生产人均年收入万余元，尚难以满足生活开销，所以乡民大都从事各种副业，例如养殖业、小商品经营以及桐杨木加工业等。在曹县，几乎每个村子都有几户至十几户人家从事木材加工，有的"打方子"，有的镟杨皮，收入不菲。外出打工者也不在少数，主要从事建筑业、纺织业，一天能挣百余元，比从事手工艺制作（如纸扎）收入高。

乡民的日常生活所需，主要通过集市贸易获取。鲁西南乡村集市的分布和集期的安排（参见表1-1），符合施坚雅提出的中国传统市场理论。过去纸扎艺人所使用的材料和工具，如纸、笔、颜料等，也都是从集市上购买；现在则大多在城镇的商店里购买，需求量最大的纸张通常是打电话订货，卖家送货上门。

表1-1　曹县韩集镇东大庄村周边的集市圈

集市地点	集期	与东大庄的距离（公里）	规模
大黄集镇	逢一、六	8	大

① ［东汉］班固：《汉书》，中州古籍出版社，1996，第582页。

② 胡朴安：《中华全国风俗志》上编，河北人民出版社，1986，第23-24页。

集市地点	集期	与东大庄的距离（公里）	规模
贾集村	逢二、七	4	中
韩集镇	逢三、八	8	大
安陵村	逢四、九	2	大
刘岗村	逢五、十	3	中

二、人生礼仪

鲁西南地区素有重礼的传统，讲究仪式依礼、依俗而行。20世纪80年代以来，乡民的婚礼、生育礼仪、寿诞仪式发生了较大变化，出现了中西结合、城乡结合的趋势。丧葬礼仪虽也有所变革、简化，但基本程序大多沿袭传统，变动不大。

鲁西南地区重视丧葬礼仪由来已久，隆丧、厚葬、盛祭的思想根深蒂固。胡朴安在《中华全国风俗志·山东·曹州》中记述："（城武县）婚娶不论财，棺衾务从厚。""（巨野县）丧葬礼仪，侈靡特甚。"[①]直到现在，当地的治丧标准依然较高，仪式隆重繁复（图1-5）。鲁西南丧葬礼仪一般分为三个阶段：葬前丧仪（即殓与殡）、埋葬礼仪、葬后祭礼。丧仪，主要包括易服、初终、招魂、举哀、小殓、送浆水、送盘缠、入殓、成服、停殡、报丧、吊孝等环节。葬礼，即出殡和下葬，具体包括亲朋吊唁、行家奠礼、盘棺、烧轿、发引、路祭、摔老盆、送葬、告祖礼、下葬、墓祭以及答谢宴席中的答谢厨师礼、安坐礼、上酒上菜礼、安饭礼等环节（图1-6）。经过殓、殡、葬，丧葬礼仪暂告一段落，但并未完全结束，葬后还要服丧，以及在服丧期间大小纪念日举行各种祭礼，包括圆坟、烧七、烧百日、烧周年等重要的祭祀活动。

---

① 胡朴安：《中华全国风俗志》上编，河北人民出版社，1986，第23页。

图1-5 丧葬仪式中的"全献供"

图1-6 孝子行礼

丧葬仪式由村里具有较高威望且精通礼仪的长者组成的红白理事会操办，至少要有四个人的基本班底，根据丧事规模大小，可以再扩充两三人。总主持者称为"礼相"或"大执宾"，其余称为"执事"，分工有序，有负责叫客的，有两个站棚角的，有在外面安排的，辅助礼相组织、指挥有关仪式活动。另外，还有一些帮忙的，听从执事安排，负责迎来送往、记账、打杂等事务。

鲁西南人民特别讲究礼数，从葬礼中的行礼之繁复即可看出。当地比较常见的行礼礼数为九拜、十二拜、十三拜、二十四拜（图1-7）。[①]九拜是最轻的礼，为普通宾客所行之礼，又分花九拜（至供桌前祭奠三趟，每趟去之前叩两个头，到达后叩一个头，即前三后六）、懒九拜（至供桌前祭奠一趟，去之前叩三个头，到达后叩三个头，回原位后再叩三个头）等四五种不同的拜法。女婿、孙女婿、外甥等关系亲近的行十三拜（去之前叩三个头，路上叩两个头，到供桌前叩三个头，回来路上叩两个头，回原位后叩三个头）和二十四拜（也是在路中间加叩头，俗称"前七后八，当中间九花头"）。在众目睽睽之下，每个人必须根据自己与死者关系的亲疏远近行不同的礼，动作绝不能出错，否则就会遭到嘲笑。

---

① 鲁西南丧葬礼仪中行礼的规范十分复杂，相关资料可参见李卫《鲁西南丧葬礼俗与鼓吹乐》（《中国音乐学》2006年第4期）、杨帆《"慎终追远"的背后：鲁西南"过三年"丧葬仪式的文化解读》（《文化遗产》2011年第4期）。

图1-7　宾客行礼　　　　　图1-8　三周年仪式中的礼金、供品

鲁西南的丧葬仪式中，以出殡和三周年最为隆重，前者称为"热丧"，后者称为"冷丧"，主家都要举行隆重的祭奠仪式，烧送大量纸扎，亲朋前来吊唁祭拜并送上礼金、供品（图1-8），仪式结束后主家设酒宴款待宾客。尤其是三周年仪式，最富地方特色，隆重程度不亚于甚至超过出殡。三周年仪式源自周礼服孝三年的服丧制度，是丧礼的最后一个环节，在古礼中称为"禫"。《仪礼·士虞礼》载有"中月而禫"[①]，即在第27个月可以脱去丧服。三周年仪式后，孝眷就结束服孝期，生活归于正常，整套丧葬礼仪活动也就此结束，对死者不再进行专门的祭祀，而是与其他祖先一样，仅在年节时祭奠。过三周年是全国各地普遍的丧葬习俗，鲁西南地区这一习俗也是早已有之，只是近30年来才在当地过得尤为隆重[②]，甚至超过出殡。当地三周年仪式的兴盛，实际是传统民间丧葬习俗与政府火葬政策交锋中形成的一种变通。政府虽然明令推行火葬、禁止土葬，但当地民众尤其是乡村民众出于孝道亲情和灵魂观念，仍然大都选择土葬，以让死者"入土为安"，认为这样可以得到最好的归宿。因此，人们在出殡时并不大操大办，而是迅速下葬，或不举行仪式直接下葬，待三年后时过境迁不再引人注意时，借传统的烧三周年之机隆重补办葬礼。

在鲁西南地区，过三周年的时间，并不严格按照三整年，惯例是提前举

---

① 陈戍国点校《周礼·仪礼·礼记》，岳麓书社，1989，第251页。

② 参见杨帆《"慎终追远"的背后：鲁西南"过三年"丧葬仪式的文化解读》（《文化遗产》2011年第4期）。据作者调查，"过三年"仪式在整个菏泽地区都较为兴盛，并辐射影响了菏泽往西往北的河南濮阳、山东聊城等地区。

行仪式。若有事或条件不便，如正赶上农忙没有精力操办，或伏天太热不方便戴孝，或适逢家中有喜事不宜办三周年仪式，可以提前两三个月，最多提前半年，一般是提前到清明或十月初一举行。但与民间过生日的原则类似，"宜早不宜晚"，只能提前，不能拖后。从过三周年的时间安排上可以看出，民间在仪式的处理上具有一定的灵活性，在不违礼的前提下，可以根据生产需要及自家现实情况进行调整。按照当地习俗是大办三周年，若是经济条件不许可或者有其他事情耽误了，也可以做十周年，还有做三十周年的。例如，逝者刚去世的时候家中没钱大办丧事，待经济条件改善后，子女补上仪式。在鲁西南民众的观念中，无论如何至少要给逝者举行一次隆重的祭祀仪式，才算尽到孝道，对得起死去的亲人。

三周年仪式结束后，宣告丧葬礼仪正式告终，此后对于死者便与其他祖先一样，只在清明节、七月十五、十月初一等常规祭祀节日为其烧送纸钱纸衣，春节祭祖时举行仪式表达请祖先回家一起过年的愿望。

三、民间信仰

鲁西南民间信仰之风浓重，境内庙宇数量非常多，规模比较大的有定陶仿山寺庙、鄄城信义大庙、牡丹区王浩屯镇龙王冯村的龙王庙等，每到庙会之际，吸引周边大批乡民前来祭拜。在鲁西南，每个村庄都建有庙宇，土地庙与关帝庙最为常见（图1-9），几乎村村都有，其他如龙王庙、泰山奶奶行宫、天齐庙、真武庙等，则根据各自情况修建（图1-10、图1-11）。以曹县韩集镇东大庄村与西大庄村为例①，当地历史最早的是供奉白衣奶奶的白衣庙（参见表1-2）。据张氏家谱记载，白衣庙的历史比村子还要早，当其先祖迁徙至此地时，白衣庙已经存在。后曾重修，现在的白衣庙规模不大，只有一间小屋。关帝庙也早在明代即已修建，后多次重修。土地庙面积最小，只有一间一人多高的小屋，内部空间狭小。天齐庙是当地最大的庙宇

---

① 东大庄与西大庄原为一个村，在族谱上记有"村碑"（现在村中并无此碑）内容："明洪武年间公元一三六八年至一三九〇年由山西洪桐县鹞子岭马官村迁居于曹州西南五十里白庙，随人增村后演为今名——张大庄（公元一九四几年后又分为西大庄、东大庄）。"

图1-9　菏泽解元集村关帝庙

图1-10　菏泽穆李村奶奶庙

图1-11　菏泽穆李村奶奶庙内部

图1-12　曹县西大庄村天齐庙

图1-13　曹县西大庄村天齐庙内部

（图1-12、图1-13），过去三月二十八庙会在附近属于大会，十分热闹，周边村民也纷纷来此赶会，并形成了小规模的集市。2010年，由村里的知名人士发起请戏班演戏，至少连唱四年（俗话说"三年满，四年圆"，至少要唱四年）。

表1-2　东大庄村与西大庄村庙宇统计

庙名	位置	修建时间	供奉神灵	香火会
白衣庙	东大庄村北	至晚明初古庙，20世纪90年代重修	白衣奶奶配两位侍女	二月十九日
关帝庙	东大庄村东	明代古庙，2006年重修	关公配关平、周仓	六月二十四日
天齐庙	西大庄村西	明代古庙，2006年重修	天齐爷（东岳大帝）、天齐奶奶	三月二十八日
土地庙	西大庄村北	明代古庙，20世纪90年代重修	土地爷、土地奶奶配小鬼、小判	无

对于神灵的祭祀供奉，除了特定的庙会日期，村民还在每个月的初一、十五到各个庙里烧香叩拜。

鲁西南乡民家中也大都供神，常见的有财神、灶神、天地、观音、保家神等。各地的保家神形象不一，曹县韩集镇的保家神为五尊神的组合，即佛祖（或称佛爷）、南海大士、白衣奶奶、无生老母、泰山奶奶，有的供四尊神（不包括无生老母），还有的供仙家爷、仙家奶（或称西仙爷、西仙奶），认为可保全家平安、传宗接代。平时每个月的初一、十五上香，过年时每尊神前都要摆供（酥肉或大肉块）祭祀。

鲁西南乡民的祖先崇拜观念也十分盛行。对于祖先的祭祀，包括清明节、七月十五、十月初一上坟祭祀，以及过年祭祖。除夕当天，家家在堂屋挂上家堂轴子，烧香摆供祭祀。正月初一五更吃过水饺之后，同一家族的成年男性带着烧纸至祠堂共同祭祖。过年期间一直供奉，正月十五"送走祖先"，将家堂轴子收起放好，以备来年再用。

纸扎艺人尊奉鲁班为祖师爷，通常在家中供奉牌位，逢年过节烧香摆供以祭祀。

四、娱乐活动

菏泽作为"武术之乡"，许多村落都有练拳的传统。在电视普及之前，乡民在闲暇时间，例如月光比较亮的晚上，聚集于"场"，习拳弄枪，相互切磋，最不济的也能摆出基本架势，打几个二踢脚。这种习武的场景在乡间十分普遍。现在各村的"场"都没有了，村民也已很少练武，主要娱乐活动变为看电视、打牌。

虽然近年来戏曲艺术不像之前那么盛行，但看戏、听戏依然是许多鲁西南乡民的重要娱乐方式，每逢庙会、古会、年节或修建庙宇、塑神开光、起集①、开业等重要的活动，通常都要请戏班唱几天大戏。民间戏曲与民间信仰联系密切，鲁西南地区庙宇多，庙会上唱戏的机会也多。此外，大型祭祖仪式也通常会请戏班表演。频繁的戏曲演出，大批的爱好者，为戏出纸扎的流行奠定了良好的群众基础，使当地戏出纸扎得以持续发展。

在鲁西南，鼓乐班的演出也是乡民重要的娱乐方式。直到现在，一些比较重要的场合或仪式，可能不再请戏班，但必须请鼓乐班（图1-14）。鼓乐班吹奏表演既有民间乐曲、民歌小调以及流行歌曲，也有戏曲选段和戏曲曲牌，如曲剧、两夹弦、大平调、四平调、豫剧等戏曲唱段，甚至当表演达到高潮时，还有在舞台上现场表演的戏曲节目、舞蹈动作等。鼓吹乐是目前鲁西南地区最普遍的民间传统娱乐形式。

---

① 民间也称"起会"，即新集市的设立。起集时要举行隆重的庆贺活动，例如祭拜财神，鸣放鞭炮，敲锣打鼓，请秧歌队表演，请戏班连唱数日大戏等，通过大造声势打响此集市的名声，吸引商贩和周边的居民来此买卖。若新设的集市能够迅速发展起来，规模会越来越大，日后便能站稳脚跟；反之，则可能逐渐萎缩，甚至消失。例如，曹县韩集镇梁集村凭借其地处交通要道的地理位置优势，在数年前起集，请戏班唱了三天大戏，打响了名声，至今盛行不衰。

图1-14　三周年仪式中的鼓乐班

图1-15　擅长剪纸的纸扎女艺人（黄瑞拍摄）

五、纸扎艺人的生活

纸扎艺人，在鲁西南俗称"扎纸匠"。在山东许多地区，纸扎艺人多是民间心灵手巧、具有一定剪纸功夫的中老年妇女（图1-15）。[1]但在鲁西南

---

①　参见李新华：《山东丧葬纸扎工艺的形态及其开发利用》，《民俗研究》2004年第4期，第176页。窦兆娜在其硕士学位论文《汉族丧葬礼俗中纸扎文化的考察与研究——以山东沂水县许家湖镇为例》（2012年）中所记述的五位纸扎艺人，仅有一位为男性。

地区，纸扎行业的主力为男性，女性则主要从事辅助工作。与普通的乡民一样，纸扎艺人平日大多从事农业生产，业余时间制作纸扎。他们大都心灵手巧、多才多艺，不仅集扎、糊、画、刻于一身，还会塑神像、画家堂与神像画，而且识文断字，知晓丧葬仪规、戏曲故事、民间信仰等乡俗文化，还常帮村民写合婚的帖子、看好（选良辰吉日），属于村里的"文化人"。为此，纸扎艺人与村民相互之间十分熟悉，在村里的人缘也特别好。

因纸扎行业的市场有限，纸扎艺人在乡村周边的业务区域，大约覆盖方圆七八里地（过去从业人员少，覆盖范围能达到方圆十里地）。纸扎生产根据乡村农事节律与生活周期，有"淡季"和"旺季"之分。淡季是农历七八月份，即农活最忙的时候，每个月也就接一两单活。旺季是过年前后，一个月至少五六单活，整个月都闲不着。例如，曹县楼庄乡王堂村纸扎艺人张玉周在2014年正月的上半月就接到了15份订单，其中仅正月十二日就有7份订单（参见表1-3），他从正月初一下午就开始赶活，日夜加班制作（图1-16、图1-17）。

图1-16　张玉周2014年正月十二日最大的订单　　图1-17　张玉周春节期间忙碌赶工

表1-3　张玉周2014年正月十二日的订单

村名	题材	用途
马庄	罩（车）、花圈、银行、电视、冰箱、桌、四把椅	出殡
马庄	银行	三周年
谢集	好罩、金银幡、院、楼、轿车马、银行、小汽车、两棵树、花圈、一对人、金山银山、电视、洗衣机	
谢滩	院子、三轮电车、树、花圈	
杨堂	树、楼	
王堂	冰箱、大银行、大花圈、洗衣机	
王堂	树	

　　从事纸扎手艺的收入，在当地来说并不高，大致与农业种植收入相近，低于外出打工的收入。以曹县韩集镇东大庄村纸扎艺人张广寒为例，与其他村民一样，其家中主要种植小麦、玉米，人均一亩二分地，全家共八九亩地，每年农业生产收入约一万两千元，手艺收入两万余元，其中制作纸扎收入八九千元，画庙、画家堂、塑神像收入一万余元。从事纸扎制作，每人每天约挣七八十元，远低于外出打工每日140～180元的收入。做纸扎虽然收入不高，但可以打理耕地，照顾家里，尤其是年幼的孩子；而且手艺收入对于补贴家用也发挥了重要作用，基本能够满足一家人的日常开销。

　　在鲁西南，纸扎技艺主要是家族内世代相传（过去要求传男不传女，现在已无性别限制），但也不排斥对外收徒授艺。收徒授艺有门里、门外之分，亲疏远近是不一样的。门里徒被视为亲生儿子一样，备受照顾，也能学到技艺的精髓，故俗话说"门里取经，强似三分"。学艺期为三年，期间要交学费，三年后可以自己单干，也可以继续跟着师傅干，开始拿工钱。在传统社会，学一项手艺不容易，过去学纸扎活的都是穷人，因为家里地少或无地，只能靠手艺谋生。

　　下面以纸扎艺人张广寒为例，看一下纸扎技艺的家族内部传承机制。

　　张广寒为家中第四代纸扎传承人。其曾祖父张松山，原出身于殷实人家，分家时分到了30亩地，但因贪图安逸，喜好赶集看戏，整日喂百灵鸟、大黑狗，不事生产，以致坐吃山空，30亩地逐渐变卖为空，最终为养家只得去学手艺。他最初在安陵学艺，后又跟随白茅村的一位老师学习扎、绘，因心灵手巧，很快学成出师，并创立自己的纸扎铺，定堂号为"永修堂"。张松山将纸扎技艺全部传授给儿子张县廷。张县廷特别擅长扎马，远近闻名。张县廷有三个儿子，都继承了他的纸扎手艺，其中长子张文科，技艺最为精湛，剪、刻、扎、糊、画、塑样样精通，堪称全才，尤其擅长彩绘，常被请去画神像、家谱；次子张文忠，在20世纪60年代初去世；幼子张文连，也就是张广寒的父亲，偏重于扎制，也会画，但画功一般。

表1-4　张广寒家族纸扎技艺传承世系

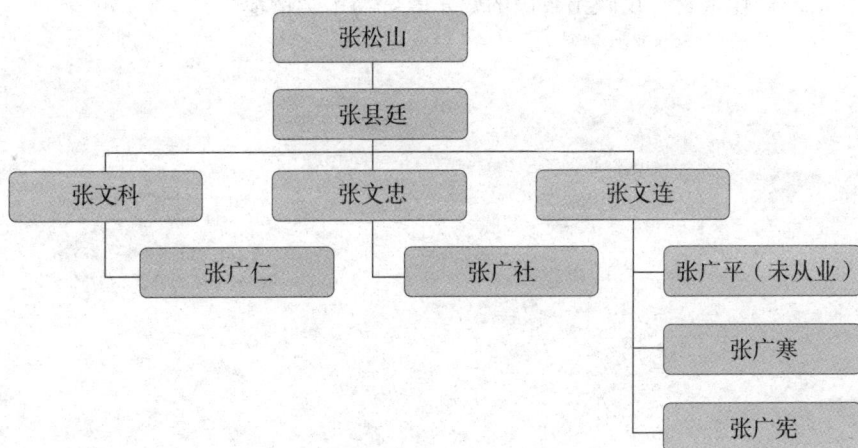

```
                    ┌──────────┐
                    │  张松山   │
                    └──────────┘
                    ┌──────────┐
                    │  张县廷   │
                    └──────────┘
       ┌───────────────┼───────────────┐
   ┌────────┐      ┌────────┐      ┌────────┐
   │ 张文科 │      │ 张文忠 │      │ 张文连 │
   └────────┘      └────────┘      └────────┘
        └───────┐       └───────┐      ┌────────────────┐
            ┌────────┐      ┌────────┐ │ 张广平（未从业）│
            │ 张广仁 │      │ 张广社 │ └────────────────┘
            └────────┘      └────────┘ ┌────────┐
                                       │ 张广寒 │
                                       └────────┘
                                       ┌────────┐
                                       │ 张广宪 │
                                       └────────┘
```

张广寒出生于1963年，1979年中学毕业后，正逢改革开放，纸扎制作被解禁，张广寒开始跟随伯父张文科学艺，主要是学绘画。因是门里徒，并未举行正式的拜师仪式。俗话说"师父领进门，修行在个人"，虽说学成手艺需三年时间，但要学好还需要学徒本身有一定的悟性和艺术天赋。张广寒边干边学，通过伯父口传心授，掌握了基本技巧，但他并不满足，每天晚上一手端着煤油灯（当时村里尚未通电，煤油灯光线弱，离远了看不清），一手执毛笔练习画画，学艺期间从未在晚上12点之前睡过觉。对于学习绘画，张广寒经常说"学会易，学好难"或"会好会，好难学"，因为除了有熟练的技巧，还要看画家的灵性、悟性、气质。例如，在画武将时，艺人自身也要抖擞精神，画出来的人物才能精气神十足；若是艺人本身萎靡不振，画出的人物也没有精神。因刻苦勤奋，张广寒在家族第四代从业的堂兄弟三人中是画功最好的，除了掌握扎、糊、画、剪、刻、塑等全套纸扎活计，还能画庙、画家堂、塑神像。本村庙宇的神像全部由张广寒所塑，他还曾参与龙王冯村龙王庙的塑像、画像工作。张广寒有两子，目前均在外打工，未从事纸扎制作。

鲁西南丧葬纸扎作为当地乡民生活的艺术，受农耕文化、黄河文化浸润，表现出质朴淳厚、乡土气息浓郁的地方性特点。同时，鲁西南纸扎也是乡民以乐观的态度、坚强的意志追求幸福生活的产物，当地百姓虔诚的神灵信仰、祖先崇拜观念决定了纸扎的功用与题材，戏曲艺术的盛行为纸扎提供了丰富的创作素材，反映出乡民的娱乐爱好与审美情趣。

第二章 鲁西南丧葬纸扎艺术形态分析 ≫

第一节 纸扎发展的历史脉络——兼论明器的变迁

一、纸扎的源起与发展

生老病死是大自然不可抗拒的规律，死亡标志着人生旅途的结束，如何处理身后事，自古以来就是备受人类重视的问题。当一个人死亡后，周围活着的人要举行各种哀悼活动并处置死者遗体，这些活动逐渐发展为有一定程式的、社会约定俗成的丧仪、葬式，即丧葬礼仪。"人类将死者的尸体或尸体的残余按一定的方式放置在特定的场所，称为'葬'。"①葬法是处置死者遗体的方式。人类最初对死者尸体的处置十分简单，弃尸荒野，不事掩埋，任其被野兽咬食或自然消亡。随着社会的发展、文明的进步，

① 中国大百科全书总编辑委员会：《中国大百科全书·考古学》，中国大百科全书出版社，1986，第665页。

人们的生死观、灵魂观、祖先崇拜观念体系逐渐完善，开始出现了一定的葬法。《礼记·檀弓上》曰："葬也者，藏也。藏也者，欲人之弗得见也。"[1]由于民间信仰的不同，尤其是对死后世界的认知不同，不同民族、不同地区的丧葬形式也各异，根据对尸体的处理形式，大致分为土葬、火葬、水葬、悬棺葬、天葬、二次葬等六种葬式。

土葬是一种将尸体掩埋入地下并举行相应祭奠仪式的葬式。自古以来，土葬在汉族地区一直占据主导地位，直到新中国成立后，在政府的强令推行下才改为火葬。土葬是原始社会时期随着灵魂不灭与灵魂崇拜观念、孝亲伦理观念的出现而逐渐形成的，并在周代成为严格的礼仪规范制度，形成独特的隆丧厚葬的土葬礼仪，要求"葬之以礼，祭之以礼"，"棺椁必重，衣食必多，文绣必繁，丘陇必巨"，这种传统的丧葬观念至今影响着中国民众。古人出于对灵魂和阴间世界的想象，认为人死后灵魂不灭，将过着和生者一样的生活，也需要日常用品，并可以通过陪葬的方式将其送给死者，于是大量随葬品出现。最初陪葬的物品是生活中实际使用的物件，甚至杀活人、活物以殉葬，后来出现替代实物的象征性器物——明器。

明器，即冥器，是专门为随葬和祭祀而制作的象征性器具。新石器时代已出现明器[2]，但并不是陪葬品的主流。自上古时代至奴隶社会，一直盛行以活人、牲畜进行祭祀、殉葬。春秋战国时期，人们意识到这种行为过于残酷而逐渐将其废除，开始代以草人、木俑。《礼记·檀弓下》记载："其曰明器，神明之也。涂车、刍灵，自古有之，明器之道也。孔子谓'为刍灵者善'，谓'为俑者不仁'，不殆于用人乎哉？"[3]人殉最早的替代物可能是草人，即"束草为人形"的"刍灵"。朱熹在《孟子集注·梁惠王上》中释曰："俑，从葬木偶人也。古之葬者，束草为人，以为从卫，谓之刍灵，略似人

---

[1] 陈戍国点校《周礼·仪礼·礼记》，岳麓书社，1989，第310页。

[2] 根据考古发掘资料，新石器时代墓葬已发现明器。例如，据考证，山东龙山文化的陶制明器明显比实用器制作粗糙，甚至未经轮转加工，徒手捏制，质地疏松，烧制温度很低，一触即碎，器型也小于同类器皿，不具备实用功能，符合明器的特点。（参见蔡凤书、于海广：《山东龙山文化陶器群概观》，载《考古》编辑部编《考古学集刊》第8集，科学出版社，1994，第165页。）

[3] 陈戍国点校《周礼·仪礼·礼记》，岳麓书社，1989，第316页。

形而已。中古易之以俑，则有面目机发而大似人矣。"[1]可见，后来由草人又发展为用木偶人陪葬。

秦汉时期，由于制陶技术普及，陶俑又替代了木俑，甚至出现了秦始皇兵马俑数千件真人、真马高的陶俑、陶马陪葬规模。同时，随着汉代标榜孝道、厚葬之风盛行与生活方式的改变，出现陶制明器组合，包括仓、灶、井、风车、碓房、圈厕、院落、楼阁、田地、池塘以及家禽、家畜俑等成套的模型明器，反映出当时以大土地所有制为基础的封建庄园经济有了进一步的发展。东汉时期，随葬品主要是各种陶制容器和明器，而比较贵重的实用器，如铜器和漆器等则呈现减少的趋势。魏晋南北朝时期依然延续此类陶制明器，但纸钱、纸衣类纸质明器也开始出现。《新唐书·王玙传》载："汉以来葬丧皆有瘗钱，后世里俗稍以纸寓钱为鬼事，至是玙乃用之。"[2]确实，汉代就有用钱随葬的习俗，即瘗钱，《史记·酷吏列传》中有"会人有盗发孝文园瘗钱"的记载。瘗为"埋"之意，瘗钱即埋入墓中的钱币。大约魏晋时期，纸钱开始出现，唐代封演《封氏闻见记》中的"纸钱"条记载："其纸钱，魏晋以来始有其事，今自王公逮于匹庶通行之矣。……古埋帛，今纸钱则皆烧之，所以示不知神之所为也。"[3]可见，对于纸钱的处理方式也由掩埋改为烧化。据考古发掘资料显示，唐代初年已有焚烧纸质明器的风俗。[4]

唐代厚葬风气再兴，明器的数量也有所增多，唐三彩无疑是最具代表性的明器种类。除了陶、木明器，纸质明器也开始出现。1973 年在新疆吐鲁番

---

① [宋] 朱熹：《孟子集注》，齐鲁书社，1992，第6页。
② [宋] 欧阳修、宋祁：《新唐书》，岳麓书社，1997，第2592-2530页。
③ [唐] 封演：《封氏闻见记》，中华书局，1985，第85页。
④ 参见陆锡兴：《吐鲁番古墓纸明器研究》，《西域研究》2006年第3期，第55页。20世纪70年代发掘唐高祖李渊第六女于咸亨四年（673）陪葬献陵之墓时，在第四天井发现未燃烧透的木块和纸灰等，这是燃烧纸扎、纸钱的遗迹。

阿斯塔那唐代古墓群中发掘的纸棺，是迄今为止发现的最早的纸扎实物。[①]同时，在阿斯塔那古墓群还发现了一批纸质鞋靴、冠帽、腰带、枕褥和纸人等纸明器[②]，时间集中在十六国到唐代前期阶段，以剪出的平面造型为主，工艺较为简单。唐代也已有立体造型的纸质明器，如方相神[③]，因需做得十分高大（高达丈余），陶制不易，故多采用纸扎的形式。南方以竹条扎制骨架，北方则以荆条扎制。《太平广记》卷三七一引唐代牛肃《纪闻》云："明日，往寻所射岸下，得一方相，身则编荆也。（注：今京中方相编竹，太原无竹，用荆作之。）"[④]据《旧唐书》记载，唐代中后期豪强贵族的葬礼，不仅扎制高数丈、宽数十步的大型祭屋，还扎出鸟兽、花木、车马、仆从、侍女等，并为人物穿上用缯绮做成的衣服，待枢车经过后，全部焚烧。但当时在民间葬仪中，纸扎并不多见。

宋代陶瓷类明器大为减少，纸质明器开始广泛流行。"纸扎"一词开始出现，有了专门出售纸扎的"纸扎铺"，以及"装銮作""打纸作""冥器作"等专门的行业。陶毅《清异录》卷下"丧葬·大小脱空"条记载，北宋初年长安民间的葬礼上陈列偶像，其中外表用绫绡金银做成的偶像称为"大脱空"，外表用纸做成并着色的偶像称为"小脱空"。长安城里有专门生产和经销"脱空"的许多店铺，组成"茅行"。北宋都城东京（今开封），每到清明节，"士庶阗塞诸门，纸马铺皆于当街用纸衮叠成楼阁之状"[⑤]，以俟上冢之家购买；中元节前数日，"市井卖冥器靴鞋、幞头帽子、金犀假带、五彩衣服。以纸

---

① 纸棺的骨架用细木杆扎成，从前至后有五道弧顶支撑，再糊上废纸，外表为深红色。纸棺长2.3 米，前高 0.87 米、宽 0.68 米，后高 0.5 米、宽 0.46 米。糊制纸棺的废纸，大多是唐天宝十二年至十四年（753—755）庭西、西州一些驿馆的马料收支账单纸。根据考古现场遗迹分析，安葬死者时，先将死者放在一片糊有废纸的苇席上，然后再罩上扎制的纸棺。根据墓主人随葬品买地券上的记载，年代为唐大历四年（769）。

② 参见陆锡兴：《吐鲁番古墓纸明器研究》，《西域研究》2006年第3期。

③ 又称开路神，出殡时用于灵前开道，可驱疫辟邪。《周礼·夏官·方相氏》载："大丧，先枢，及墓，入圹，以戈击四隅，驱方良。"即方相氏先于灵枢到达墓圹，在四角以戈挥舞，以示驱赶方良。方良，又称罔象、魍魉，为一种好食亡者肝脑或有害于墓主安宁的鬼怪。

④ ［宋］李昉等编《太平广记》第三册，上海古籍出版社，1990，第634页。

⑤ ［宋］孟元老：《东京梦华录》，中国商业出版社，1982，第43页。

糊架子盘游出卖"①；从九月下旬开始卖冥衣靴鞋、席帽衣缎，以在十月初一寒衣节时烧献祖先。由此可见，纸质明器已经普遍应用于北宋时期的祭祀活动之中，而且由唐代的平面造型走向需要构建内部骨架的立体造型，制作工艺也由剪刻发展为扎、剪、糊、画的综合工艺，成为真正意义上的纸扎。南宋吴自牧在《梦粱录》中提及都城临安（今杭州）繁华市场的"舒家纸扎铺""狮子巷口徐家纸扎铺"，以及打纸作、冥器作等行业。总之，宋代纸质明器种类已相当丰富，而且使用十分广泛，表明宋人丧葬消费习俗发生了转变。宋代明器材质出现变化的原因，宋东侠在《浅析宋代丧葬明器》一文中总结为三个方面：一是盗墓之风使然；二是出于炫耀目的；三是宋代经济高度发展致使人们思想观念的改变。②此外，还有宋代造纸技术的进步（当时一些僧人以纸做衣服、被子，在日常生活中穿用）、社会文化世俗化的转向、佛教思想对民间灵魂观念的影响、火葬对厚葬之风的冲击以及更符合平民百姓的消费需求等多方面的原因。

元代纸扎已十分普及，民间丧葬在这方面的耗资日益增加，诸如金银纸房、纸人、纸马等各类纸扎十分盛行，以至于元统治者需要出台政令严禁此事。③

明清之际，纸扎成为丧俗和三大鬼节的主要供奉、祭祀用品。明清纸扎工艺之精湛远超宋元，应用也更广泛，不论小户人家，还是殷富大户甚至皇家，都采用焚烧纸扎的方式祭祀，纸扎成为当时各个阶层丧俗和祭祀活动的主要用品。明代《如梦录》记载，开封有十多家"纸扎铺"（又称"纸马铺""纸马香铺"），"有扎彩匠，做显道神，其头模有五尺高、六尺围圆。王府出殡，皆用此物"④。大型方相需车载而行，并设机关，手足自动。民间

---

① ［宋］孟元老：《东京梦华录》，中国商业出版社，1982，第55页。

② 参见宋东侠：《浅析宋代丧葬明器》，《青海社会科学》2004年第6期，第98—99页。

③ 参见《元典章》记载："至元七年十二月，尚书刑部奉尚书省劄付该准中书省咨：十一月十八日奏过，数内一件民间丧葬多有无益破费，略举一节。纸房子等近年起置有，每家费钞，不惜为之，甚为无益，其余似此多端。奉圣旨：纸房子无疑禁了者，钦此。都省议得除纸钱外，据纸糊房子金银人马，并彩帛衣服帐幕等物，钦依圣旨事意，截日尽行禁断。"（转引自徐吉军、贺云翱：《中国丧葬礼俗》，浙江人民出版社，1991，第417—418。）

④ 孔宪易校注《如梦录》，中州古籍出版社，1984，第36页。

所用的方相，造型略小于人，在出丧队伍之前，两人各捧一尊而行。清代范寅《越谚·名物卷》中的"货物"条曰："纸劄（扎），全以彩纸糊竹腔，为人物丧用居多，又名'像生'。"①像生就是俑人，纸扎人俑包括方相、奴仆俑等，小者高尺许，大者类似真人。清代于敏中在《日下旧闻考·风俗》中引《蓟邱杂钞》记载，京师丧家出殡耗费巨大，"又纸糊方相，长亦数丈，纸房累数十间"②。蒲松龄在《日用俗字·纸扎章第二十一》中提到的纸扎题材，包括可驮魂的轿马、柳伞扇、牌坊、捧巾盆的童男童女、幡、成对的纸锞扛箱、成群的吹弹美女、五谷仓和铭旌楼，执事两行和十丈塔幡，开路鬼、显道神和庄园似的楼房堡垛皆有的阴宅，说明纸扎类型已十分丰富。官宦人家与皇家的纸扎规模更为庞大。清慈禧太后死后，大办丧事，仅纸扎的耗费，"焚烧了数不清的纸糊神楼宝库、亭台殿阁、凤辇舆轿、御前侍卫、歌妓侍女、京剧戏出、满汉全席、三牲祭筵……至于其生前经常使用的物品，如桌椅、多宝格、罗汉床、金钱桌、金钱柜、古董、文玩、钟表和其他生活器皿等等，当然更是几乎无所不仿"③，还有一艘长二十二丈、宽二丈二尺的大型纸扎法船。

民国时期的纸扎基本沿袭古制。虽然新文化运动时期先进知识分子对旧的丧葬礼俗进行了批判，如鲁迅曾说："一个人变了鬼，该可以随便一点了罢，而活人仍要烧一所纸房子，请他住进去，阔气的还有打牌桌、鸦片盘。"④在他们的倡导下，产生了新式丧礼观，丧葬礼俗也发生了一些变化。例如，《实用北京指南》第二编《礼俗》在"新式丧礼"中提倡出殡时"不焚化匀灵车马楼库等物"，"亲友吊唁，多赠花冠（俗称花圈）、挽联"。但就全局而言，这种变化是极其有限而微弱的，民间传统丧葬礼俗更为普遍，纸扎的题材、规制也没有大的变化。

随着时代的发展，20世纪80年代以来，各地出现新型纸扎样式，由最初的缝纫机、黑白电视机，到楼房、别墅、洗衣机、冰箱、电脑、小汽车等

①侯友兰等点注《〈越谚〉点注》，人民出版社，2006，第195页。

②［清］于敏中等编纂《日下旧闻考》，北京古籍出版社，1985，第2337页。

③孙彦贞：《满汉丧葬礼俗之异同与演变》，《中国历史文物》2006年第5期，第84页。

④鲁迅：《家庭为中国之基本》，载《鲁迅全集》第4卷，人民文学出版社，1981，第619页。

（图2-1），甚至可以扎出飞机、火箭、宇宙飞船等样式，期望让死者在阴间也能过上"现代化"的生活。但这类纸扎现在多以塑料为材质，电脑喷绘打印图案，艺人只需粘贴组装即可（图2-2）。近年来，台湾地区的一班年轻人紧随时代脚步，推出了系列时尚纸扎工艺品，包括iPhone、iPad、数码相机等数码产品，宝马、奔驰等名牌汽车，以及宠物狗、"冥府汽车准驾证"等各式纸扎；仿真的别墅豪宅、温泉度假屋做工精美，不仅外观讲究，屋内设施也一应俱全，床铺、桌椅、电视、音响、现代化卫浴设备等上百种时尚家具和日用品无不制作得惟妙惟肖。此类纸扎采用专门的环保纸制成，燃烧无污染，但并非传统意义上的纸扎，大都造型较小，内无骨架支撑，只是纸工艺的剪贴、折叠、施彩，更近似于立体纸雕塑。

图2-1　现代新型纸扎式样——洗衣机（黄瑞拍摄）

图2-2　现代新型纸扎式样——电动三轮车（黄瑞拍摄）

从活人实物到陶俑木俑再到纸人纸马，可以看出，随着技术的进步、手工业的发展、社会文化风俗的转变，明器处于不断变革之中。人们对阴间世界的想象来自对现实生活的模仿，因此纸扎自产生以来，也在不断发生着变化，打上了时代的印记。

二、纸扎作为明器的象征意义

明器的产生与灵魂崇拜观念有着密切联系。古人认为，人死后灵魂不灭，并且与生者之间仍维持原有的社会关系，能够干预生者的祸福，因而人们对死者的灵魂存在着一种既亲近又畏惧的复杂心理，既有无法割舍的亲情、真切的怀念与敬爱，又对之有所祈求、期盼。为表达哀思并博取亡灵的欢心，首先需要满足其需求，敬献衣食住行等一应祭品，再现其生前的生活方式。明器作为"送死之器"，是实物的仿制品、替代品，徒具其形而并无其实，与生活实用品差别很大。一般来说，明器制作比较粗糙，所用材料价值低廉。最初的明器多以石器、玉器、陶器、木器、漆器、青铜器等硬质材料制作，不易腐烂，下葬时伴随死者入土殉葬。纸扎明器自唐代开始出现、宋代得以普及，引发了中国丧葬礼俗的重大变革，致使明器的使用方式由掩埋改为焚烧（这是由纸材料的特有属性所决定的），即由作为随葬品陪伴死者长眠于地下，改为化作青烟，寓意随死者的灵魂飞升至天上，相应地，丧葬仪式活动的重心也由地下转移到了地上。

从功能上来说，纸质明器的作用与陶质、木质等明器或实物随葬品是相同的，即期望让死者在阴间仍能享有人间的生活方式和财富，满足其物质和精神方面的需求。所以明器的内容变化不大，都是日常生活必需品。然而，明器毕竟是有形无实的仿制品，为何能被当真呢？这是因为在民众的观念中，阴间的鬼魂和现世的人是有差别的，鬼魂无须使用实物，象征性的物品已足够满足他们的需求。因此，仿制品虽然有形无实，但在民众心理上已经被预设为合理的。而纸扎将这种仿制推到极致，不仅样式是仿制的，连材料也采用替代物，象征意味更加浓厚。以纸质物品送给死者使用的观念，早在魏晋时已有，例如纸钱的使用。唐人加深了这种观念并扩大了纸质器物的使用范围，认为鬼魂所用之物皆为纸质。《太平广记》卷三五一引唐代张读《宣室志·李重》记述，李重病重，忽见有二鬼前来探视，"重遂命酒，以杯置于前。朱衣者曰：'吾自有饮器。'乃于衣中出一杯，初似银，及既酌，而其杯翻翻不定，细视，乃纸为者"①。唐临《冥报记·睦仁蒨》曰："鬼所用物，皆与人异，唯黄金及绢为得通用，然亦不如假者。以黄金涂大锡作金，以纸为绢帛，最为贵上。"②这说明鬼用纸器的观念已经深入人心。认为鬼魂使用纸质明器，应是人们为不再给死者随葬实物而制造的一种合理性解释。对于普通百姓而言，除了观念上认为人鬼必须有所区别的前提设定，主要还是出于实际考虑，纸质明器制作简单，造价低廉，节省财力物力，而且可简可繁，可多可少，但在仪式程式上并没有俭省，能够满足生者表达对死者的供奉和哀悼的需要，因而受到百姓的普遍欢迎，也体现出一种生活的智慧。这反映出民众信仰观念的变化，对鬼神的崇拜更加世俗化、功利化，更加注重礼俗的社会功能，使祭祀体现出深厚的人情味，人们在仪式中关注的重点也由服务于死者改为彰显生者之孝与富。

　　人们为了强化使用纸扎的合理性，又设定了一种送给死者的方式——焚烧。民间常说"看来是假，化去是真"，认为把这些象征性的纸质祭品烧成灰后，死者便可以直接得到、永久使用（图2-3）。宋代洪迈在《夷坚丁志·海门主簿》中记载："通州海门县主簿摄尉事，入海巡警，为巨潮所惊，得心疾。谓其妻曰：'汝年少又子弱，奈归计何？'妻讶其不祥。簿曰：'有妇人立我傍求绯背子，宜即与。'妻缝绯纸制造焚之。明日又言渠甚感激，但云失一裾耳。妻诣昨焚处检视，得于灰中未化也，复为制一衣。"③从这个故事中可以看出，民间认为鬼魂会对人的生活产生影响，为了平复他们的怨念，防止遭其迫害，必须满足其所求、所需，即烧送其所求物件，并且在焚送的过程中必须焚烧彻底，才能使亡者收到完整的东西；若是所焚烧的器物有所破损、疏漏，亡者所收到的也会相应受到影响。

---

① ［宋］李昉等编《太平广记》第三册，上海古籍出版社，1990，第513页。
② ［唐］唐临：《冥报记》，中华书局，1992，第27页。
③ ［宋］洪迈：《夷坚志》第七册，中华书局，1985，第23页。

图2-3 农历十月初一烧送纸钱、元宝

可以说，供奉、烧送纸扎，与"心到神知，上供人吃"的供奉方式是一样的，心意表达到即可，从这个意义上来讲，纸扎又可被视作具有象征意义的文化符号，它对于民众的意义绝不是"生命的休止符"，而是表达对阴间世界与现实世界幸福生活的希望。因此，纸扎看似为死者准备，实质还是为了满足生者的各种需求。

纸扎并非实物，而是艺术化的造物，从而成为具有象征意义的供奉品，具有以假当真的特点。纸扎之物虽然是假的，但献祭者悼念和供奉的情感是虔诚的、真实的，因此，纸扎作为情感的物化表现形式，即使是假的物品，也具有了真的意义。自唐代以来，虽然纸扎的样式处于变化之中，但其内在文化含义、蕴含的信仰观念与情感并未发生变化，始终反映着民众的灵魂观念、情感诉求，寄托着民众追求幸福（不管是生前还是死后）的强烈愿望。也正因如此，纸扎才能在当今时代大潮中依旧保持生命力。

第二节 鲁西南纸扎工艺考察

一、鲁西南纸扎类型简介

潘鲁生将丧葬纸扎大致分为四类：一是神像，一般扎制大件居多；二是人像，包括童男童女、马夫、轿夫、丫鬟等各种侍者及戏曲罩人；三是建筑类，如灵房、门楼、四合院、亭阁或车轿等；四是生活明器类，包括家具、饮食器皿等家居用品以及纸牛、马、狮、鹤等动物类。[①]笔者认为，倘若进一步细化，可将鲁西南纸扎细分为六类，简介如下。

（一）神像类

鲁西南神像类丧葬纸扎数量最少，只有开路神、显道神，即古代的方相、方弼，为驱疠逐疫之神。此类纸扎形体高大，约3米高，最突出的特征是头大，下面有八边形木座，每个角上都安有一个轮子，拉动时可牵引座上的开路鬼转动，有巡视四周之意。出殡时，开路鬼走在队伍最前面，用以开道。据纸扎艺人介绍，开路鬼并不经常扎，一般是在非正常死亡的情况下，如女方受冤自杀，娘家人可要求主家扎开路鬼，以让其多花钱，这是一种难为主家的表现。自20世纪60年代起，鲁西南地区不再扎制开路鬼。

（二）人物类

童男童女：即金童玉女，为侍奉逝者的男女仆人，在民间丧葬纸扎中十分普遍，在鲁西南有时会单独为他们各扎一座小楼，故又称"楼人"，或称"人楼"（图2-4）。按照道教的说法，凡神仙居住的洞天福地都有得道的金童玉女在旁服侍，给逝者扎金童玉女意味着死者也能圆满升入天界。纸扎童男童女大小比真人略小，麦草骨架，泥塑头型、鞋靴，纸质衣服。出殡前一天

---

① 参见潘鲁生：《民间丧俗中的纸扎艺术》，《民族艺术》1988年第1期，第60—61页。

图2-4 楼人

图2-5 马车夫

送路时就需将童男童女摆放在棺材两边，现在多是摆放在灵棚供桌两侧，左右侍立，以示让其与死者先熟悉一下，并提前伺候着。最终将其带至坟地与其他纸扎一同烧掉。

车夫、司机：民间传说死者升天所用交通工具的驾驭者（图2-5），大小与童男童女相仿。

戏曲人物：当地百姓喜闻乐见的戏曲故事中的人物，高20~30厘米，插于罩子、大幡、大楼子上，三五人组成一出戏。

（三）建筑类

罩子：即棺罩（图2-6），出殡时罩在棺材外面，以代替"椁"。《说文解字》解释"椁"为"葬有木郭也"[①]，即棺材外面套的大棺。中国古代有棺殡椁葬的礼俗。山东丧葬习俗，将棺材抬出大门，置于门外的灵

图2-6 罩子

---

① 臧克和、王平校订《说文解字新订》，中华书局，2002，第396页。

舆之上。灵舆，俗称"架子""杠床"，用绳索捆绑木杠使成床形，上方安有罩棚，类似轿子，可将棺材扣合在里面，檐顶和架围装饰华丽，披挂彩球和明珠，光彩夺目，有的架子前面装有虎头或龙头。然后在棺材上罩好棺罩，多数为白色蟒罩，上面绣有花鸟龙凤等精美图案。贫家不用架子，只覆盖棺罩。鲁西南的纸扎罩子既是棺材外罩，起保护、装饰棺材的作用，也被视为死者在阴间的住所。罩子分为瓦屋罩、厅房罩和五台罩三种，扎制成门楼状，造型高大，雕梁画栋，精美豪华似宫殿。

四合院：鲁西南在三周年仪式中常见的纸扎题材，也表示为死者在阴间准备的生活居所。仿照当地民居四合院格局扎制，有"整出院"和"半出院"之分：父母皆亡故的扎"整出院"，即包括堂屋、门楼和东西配房；若父母一方尚在世的只扎"半出院"，即只有堂屋、门楼和院墙，没有东西配房。

大楼子：又称"扬名碑"（图2-7），高约6米，用于宣扬死者的名声，譬如死者生前积德行善、贤良、孝顺，家人可为之订制大楼子，以求在所谓阴间扬名。

图2-7　大楼子

图2-8　张广寒手绘牌坊草图

牌坊：即"过街牌坊"（图2-8），形似大门楼，高、宽皆5米有余，设在灵棚前的街道中间，上面为屋檐状，高约2.2米，底下设三个门洞，中间为大门，两侧各有一小门，门高近3米。吊唁的客人从牌坊大门内通过，到达供桌前祭拜，显得隆重、气派。牌坊一般也是过三周年时使用，去坟地祭奠之前在村口烧掉，现在大多运到坟头与其他纸扎一同焚烧。

大幡：形状类似佛教中的幢。在佛教中，幡与幢都是供养佛、菩萨的庄严具，用以象征佛、菩萨之威德。在民间观念中，幡可为死者积德招福，使之脱离苦难，得生西方净土。鲁西南的大幡，造型类似宝塔（图2-9），底边呈六边形，直径1.5米，由四节至七节组成，高12～14米。组装时，一节硬、一节软，交叉间隔着用线绳相连，高高悬挂在大树上，风大时，能随风摆动，十分壮观。大幡一般也是用于三周年仪式，在仪式前一天就挂起来，供众人观赏。

图2-9　大幡顶部一节

图2-10　主楼

主楼：即供楼（图2-10），体量较小，高约1米，是三周年仪式中放置死者灵位的地方，现在一般用于放死者遗像。

（四）财宝类

金山银山：造型呈四棱锥山形，表面贴有金色、银色亮光纸，在阳光下

图2-11　金山银山

图2-12　聚宝盆

熠熠生辉，象征金银财宝堆积如山（图2-11）。

聚宝盆：因生活中并无原型，故艺人根据自己的想象绑扎。一般高约1.5米，底部是一个六棱或四棱的大花盆，上面装饰大量纸元宝（图2-12）。

摇钱树：传说中的宝树，据说树上结满钱币，一摇晃就落下许多钱币，而且永远也用不完。一般扎成树的形状，树上挂满一串串纸元宝，用于为死者提供去阴间的盘缠和日后的生活花费（图2-13）。

银行：鲁西南近二十年刚兴起的纸扎题材，一出现就极受欢迎，现在几乎每家办事的都要扎制。造型是由摇钱树改造而来的，通常分为两种：一种称"大银行"，先扎一个方形底座，上面扎制七棵摇钱树，中间开门，门两边各有一个纸扎人物作为守卫，左右为金山银山；另一种银行为圆形或方形底座，形似大花盆，上面密

图2-13　单棵摇钱树

图2-14　七棵摇钱树

图2-15　缀满金银元宝的银行

布七棵摇钱树，高达3米多（图2-14）。每棵摇钱树上面挂满了金银纸箔元宝以及印刷的冥币（图2-15）。

钱柜：又称"钱箱""扛箱"，表示为死者储存钱财的箱子，作用类似于现在的保险柜。仿照传统的柜子、箱子样式扎制，表面糊上金色或银色的纸，并饰以花纹，钱箱上面开口，形成可开合的盖子，里面装满纸元宝。

（五）用具类

马拉轿车：俗称"轿车子""轿车马"（图2-16），专为女性使用的轿子称为花轿，专为男性使用的称为官轿，但二者在造型上并无差别，都由纸扎的车辕杆、车板、轿子以及两个大车轮组成，只是轿身的颜色规定为男蓝女红，与罩子的色彩区分一致。轿帷前面有轿帘，两边则用纸剪贴出轿窗形象，轿顶四周饰以用彩纸剪成的细条，表示轿顶的流苏。轿车子现已退出人们的日常生活，此类纸扎是对过往交通工具的一种习惯性延续。直到现在，死者为女性的，纸扎中仍要有马拉轿车。

图2-16　马拉轿车（黄瑞拍摄）

图2-17　现代新型纸扎式样——小汽车

小汽车：新式的纸扎题材，仿照现实的汽车造型扎制，多为黑、红两种颜色，牌照上写有"天堂""冥府"等字样，车牌号由"68888""98866"等吉祥数字组成（图2-17）。在丧葬仪式中，小汽车与轿车马有其一即可，现在多数人家仅要小汽车，富裕人家也有两种都要的。

电视机、冰箱、洗衣机、太阳能、空调、桌椅、组合家具等：均仿照实物原型扎制，形制、大小、颜色皆与实物无异。

（六）动物类

马：真马般大小，缰绳、笼头、鞍具俱全，遍身马毛也都清晰可见（图2-18）。颜色一般为纯色的黑、红或白，套于轿车辕内，神骏威武，兀立有神。

牛：专为女性死者扎制，传说妇女死后到阴间都要被强迫喝下生前倒的洗衣水、洗头水、洗脚水等，到时就可以让牛替女主人喝掉这些脏水。纸牛在鲁西南地区并不十分普遍。

图2-18　纸扎马

狮子：造型与建筑物前的石狮相仿，摆在四合院与牌坊门口。

鹤：丧葬纸扎中的常见题材，一般安插于罩顶四角。道教中有"驾鹤西游"之说，象征骑鹤升仙之意，而且鹤在民间也被视为长寿仙禽，传说鹤经一千六百年则成为仙鹤，故成为长寿的象征。

此外，鲁西南纸扎中还包括现代新兴的花圈，以秫秸或竹篾做圆形骨架，用纸或绢制成花叶，正中贴有金色"奠"字剪纸。花圈的环形象征生命循环不止，以此向死者表示哀悼。花圈最初流行于城市，后传布到乡间，一直流传到现在。

鲁西南丧葬纸扎品类丰富，有对生活实物的模拟扎制，例如住房、交通工具、日常生活用品等，涉及衣食住行各方面；也有想象中的摇钱树、金山银山、聚宝盆等，希望死者拥有永远花不完的钱财；还有给死者送去娱乐享受的戏曲纸扎人物，以及宣扬死者美名、彰显死者哀荣的大楼子、牌坊、大幡等，可以说为死者准备好了在阴间生活所需的各种用品。

二、材料与工具

地方性是民艺的主要特点之一，表现在材料方面，民艺创作所使用的材料大都按照就地取材原则，选取生产生活中易得易用、价格低廉的材料，如木、竹、土、石、草、面、纸、布等。"关于中国造物中'天然'的问题，实际上是中国民间手工艺一直提倡的'就材加工、量材为用'的原则。"[①]这些天然的材料与农耕社会生活密切相关，具有生态、环保的特性。鲁西南纸扎所用的主要材料为高粱秫秆与纸张，辅助材料为线绳、泥土、麦草、绒球、木棍等。然而就是这些普通的材料，在民间艺人的手上都变得灵动起来，艺人通过充分发掘材料的特性，因材施艺，加工出一件件富有灵性的工艺品。

纸扎的骨架一般选择秫秸、芦苇、竹子以及麦草或稻草等材料扎制。鲁西南地区主要使用高粱秫秆（俗称"秫秸"）。高粱曾是鲁西南人民的主食之一，在乡间广泛种植，丰富的作物资源为纸扎制作提供了充足的材料。纸

---

① 刘铁梁、潘鲁生等：《设计与民间文化五人谈》，《设计艺术》2005年第3期，第7页。

图2-19 高粱秸秆及扎制的骨架

扎艺人很早就发现了高粱秸秆的优点：长、轻、挺直、弹性好、粗细均匀，适宜扎制高大的物件，而且扎出的骨架匀称平整（图2-19）。玉米也是当地百姓大量种植的作物，但玉米秸不如高粱秸结实，长度也较之更短，在扎制大型建筑类纸扎时不适用，加之玉米秸上下粗细差别较大，可能导致骨架歪斜，所以人们很少使用。麦秸则更加短、细、软，不适用于大件纸扎，多用于扎制戏曲人物的身体骨架。芦苇秆也可以使用，但在鲁西南并不常见，而且价格较高。南方纸扎常用的竹材在鲁西南纸扎中也很少见到。相对于竹材需经破竹、破篾、刮篾、缠篾、曲篾和芦苇秆需经熏直等前期加工程序，高粱秸秆无须太多加工塑形，整根取来即可使用①，更加方便快捷。

纸扎艺人对于原材料的获取，一部分出自自家地里所产，一部分从各处收购而来，也有乡民主动上门出售的，只要看到谁家的门口堆有大量秫秸，便知这家是做纸扎活的，可以直接进门询问收购价格。20世纪80年代以来，随着人们生活水平的提高，高粱种植逐渐减少，被小麦等高产作物取代，现

---

① 高粱秸秆也有需要劈开使用的时候，例如摇钱树上的盘子，需要将一根秫秸竖劈为四份，除去内瓤，仅留外皮，环成圆形绑扎起来，以便在上面挂成串的纸元宝。

图2-20　鲁西南田间地头零散栽种的高粱

在仅在田间地头零散可见（图2-20）。纸扎的材料来源开始出现危机。除了每年现产出的高粱秸秆，乡民也将淘汰下来的晒棉花的箔①卖给纸扎艺人。秫秸的价格取决于质量，艺人收购时，短而细的（艺人称之为"薄的"，用于扎钱柜、金山银山等小件），四五分钱一根；长而粗的（两米多长，用于扎马、轿、建筑等大件），八九分钱一根。

纸是一种古老而又现代的材料，不仅作为文字的载体对历史文化的传承发展做出巨大贡献，而且作为艺术的载体也承担着重要角色。传统的剪纸、丧葬纸扎、风筝、灯彩、伞、扇等，现代的纸雕、折纸、衍纸（卷纸）、纸绣、帕吉门（纸蕾丝）、编纸、拼纸画等，都是以纸为主要创作素材的工艺形式，可见纸的生命力之旺盛。纸材料取自大自然的植物纤维，具有载体性、可塑性、易碎性、廉价性、轻巧性等多种特性。鲁西南纸扎所用纸料多以棉

---

① 过去鲁西南乡民几乎家家种植棉花，在晾晒棉花时需铺上用高粱秸秆编成的箔，所以家中都备有这种箔。因种植棉花费时费力且收入又不高，乡民现已很少种棉花，箔也没有了用途，人们便将其出售给纸扎艺人。

纸、皱纹纸、宣纸、毛边纸和草纸为主，现在则多以机制色纸、电光纸代替。纸扎艺人在深入了解、充分发掘纸的特征的基础上，通过剪、拼、叠、卷、刻、撕、揉、编织等各种手法，将纸的特性发挥得淋漓尽致。

纸的载体性表现为多种创作手法的并行、融合，既可以作为直接描绘图案的载体，又可以作为贴糊、剪刻纹样的载体。纸是一种十分敏感的材料，可塑性、伸缩性强。纸质有软硬、厚薄、密实疏松之分，利用纸张本身的纹理，加上通过折叠、挤压、揉搓等手法加工造就的肌理，可以呈现出各种纵横交错、高低不平、粗糙平滑、坚硬柔软、厚重轻薄的纹理变化，表达着不同的审美意蕴，给人以多样的视觉感受，并达到以假乱真的效果。鲁西南纸扎中使用最多的色纸、花纸，平滑无光，给人以质朴、稳重、含蓄的感觉，在建筑与器具纸扎制作中大量使用（图2-21）；具有类似布纹肌理的皱纹纸，传达出亲切、柔和、质朴的感觉，适宜制作纸扎戏曲人物的服饰；细腻光亮的电光纸、金箔纸，则给人一种轻快、活泼的感觉，用于剪刻出纹样进行装饰（图2-22）。纸扎艺人将纸本身的特性带入纸扎中，根据建筑、人物服饰、器具、动物的特点选择不同纸质，以切合形象需求，真实呈现其本性。

图2-21 建筑类纸扎中大面积使用花纸　图2-22 用金箔纸剪出的八宝纹样

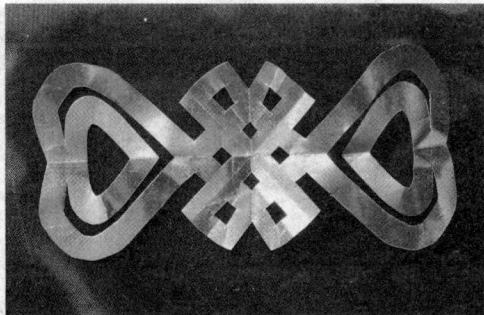

纸质易碎、易破、易断，显得特别纤细、脆弱。这种特性恰好符合纸扎不需要支撑太长时间的使用要求，而且这一特性决定了人们对于纸及纸质物品的处理很容易联想到破坏性的处理方式。例如焚烧，在中国人的传统观念中，被书写过的纸张是具有灵性的，必须"敬惜字纸"，在处理时不能随意丢弃，而是收集起来集中焚烧。纸扎的处理方式也是焚烧，当火焰将纸扎全部

吞噬时，人们也会感叹生命的脆弱、短暂，如纸般幻灭。纸张的普遍性与廉价性，决定了纸扎造价符合百姓要求，贫寒人家也能置办得起，这是纸扎得以承传沿袭的重要原因。纸本身轻巧的特点，是决定纸扎轻盈、易搬动的要素之一，为使用带来方便。

材料对工艺形式的影响，不仅表现为它的载体作用，同时也以其自身特有的语言、观念和感受影响着造物的表现形式和艺术特征。鲁西南纸扎材料中，秫秸作为未经加工的纯天然材料，具有粗糙的质感，纸张则是经加工处理后的材料，表现出相对细腻的质感，二者结合塑造出立体的纸扎形象，既高大、稳重、气派，又不失华美、轻快、灵动，使纸扎释放出巨大的张力与魅力，实现了材料与主题的完美结合，达到合目的性与合规律性的统一。

"工欲善其事，必先利其器"，纸扎所需的工具虽然简单，但也是制作纸扎时的必要辅助。纸扎工具包括剪刀、劈刀、刻纸刀、糨糊、钳子、镊子、尺子①、铅笔、毛笔、彩笔等（图2-23）。艺人在制作中并不拘泥于特定工具，往往就地取材，以方便、适用为首要原则。例如，艺人在扎摇钱树上的盘子时，将秫秸竖劈为均等的四份，还需除去上面的秫秸瓤，若手头没有锤

图2-23　纸扎艺人使用的长短木尺

———————

① 鲁西南纸扎艺人用的尺子是传统的木尺，分为长、短两种，短的长度是一尺，长的长度是二尺四寸，上面标有刻度。

子，则顺手拿起院里的砖头，先砸再刮，很快就加工完毕（图2-24）。此类随机应变和即兴而为在创作过程中随处可见，表现出工艺制作的灵活性。

三、工艺流程

纸扎的制作工艺，简言之是以线绳捆扎秫秸构成骨架，外糊以纸张，看似简单，却是个功夫活，融绑扎、剪刻、折叠、裱糊、彩绘、印制等多种工艺于一体。罩子是丧葬仪式中必不可少的纸扎，因为这是遮棺之物且代表死者在阴间的住房，所以通常扎制得高大、气派、精美。因此，下面主要以罩子为例，介绍纸扎工艺流程。

图2-24 就地取材选用工具

（一）绑扎骨架

该工艺即用高粱秸秆绑扎出骨架，以塑造物体基本形体的框架。"纸扎造型虽千姿百态，但由于受使用功能的制约，它不像其他雕塑那样追求形体的重量感，而是运用扎制工艺的骨架构成、折叠构成、平贴构成来求其空间的变化。"[①]纸扎的骨架是建构纸扎立体空间的基础，决定了纸扎的外部形态、结构和尺寸。罩子在出殡时要罩在棺材外面。由于棺材的形制基本固定，长九尺左右，宽以三尺三为准，即俗话所说的"三尺三，行满天"或"天下棺，三尺三"（棺材宽度不能超过三尺三，否则出不了屋门），因此罩子的尺寸也基本没有变化，宽窄长短都是标准的，不能随便改动。若罩子做小了，便套不进棺材；若罩子做大了，罩上后会来回晃荡，不雅观。其他纸扎的尺寸并无如此严格的规定，但也都形成基本定式，便于技艺的传承和提高生产效率。

罩子的造型以建筑设计中的穿线交点法、轴线法为参照，类似于古建筑

---

① 潘鲁生：《纸扎制作技法》，北京工艺美术出版社，2000，第2页。

的构造，气势端庄，十分高大。因罩子的体量较大，艺人在制作过程中将罩子拆解为三部分——底部为罩身、中间称二节、顶部为牌坊头，分别扎制，最后再组合起来。因罩子结构复杂，艺人将其拆分为各个细部，并加以命名，便于记忆和操作（图2-25）。

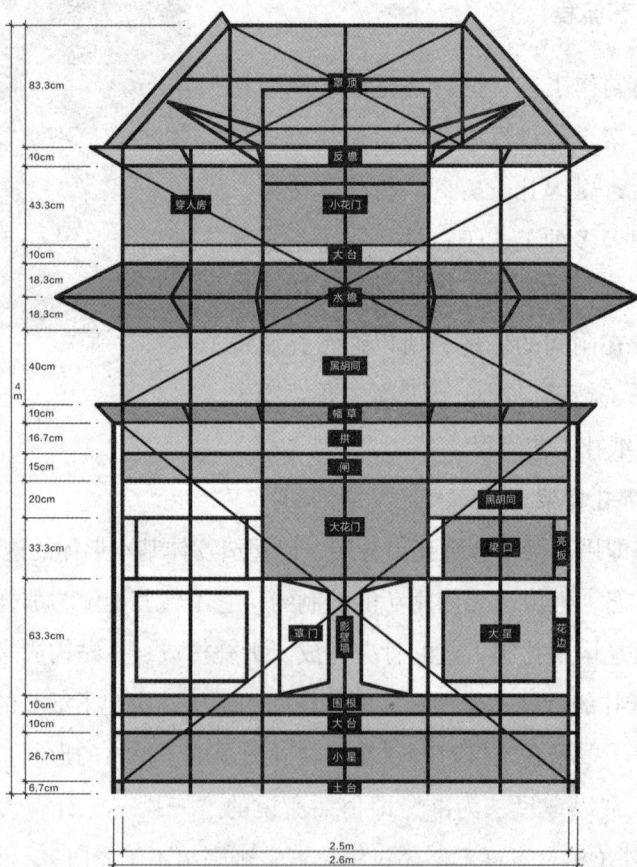

图2-25 罩子的结构及各部位名称示意图

因要搭建空间结构，故需注重结构合理、比例得当。在扎制过程中，要注意工序的先后，一般先搭建起支撑作用的核心骨架，对于罩子来说便是底部框架，再向上延展罩身。骨架的扎制要求平整、牢固、不易变形，这里面包含一些力学原理，例如遇到扎制长方形时，要先扎出四个直角，并在长方形中扎两根对角线以作支撑。骨架的连接、绞固全靠绳子，过去常用麻绳，

图2-26　艺人腰别绑扎用的塑料绳

现在使用塑料绳。艺人借助专门的裁绳机器，预先裁出数百根等长的绳子备用，每根绳子长约20厘米。艺人将数十根绳子扎为一束，别在腰间，方便取用（图2-26）。在连接处缠好绳后，并不打结，而是用刀子将绳头直接塞入秸秆中夹住，用以固定。这样既能绑得更加结实，也节省了时间。

基本骨架扎完后，最后要整形，即检查整体效果，将长出的秆头或绳头剪去，确保骨架整齐，以便下一步糊纸。

绑扎骨架是纸扎制作工艺中最为复杂、最耗时间的环节，尤其是罩子、牌坊、大楼子、银行等大件，扎起来费工费时。经艺人大致计算，仅罩身部位的绑扎，就需绑约200根绳子；两个人一起扎罩子，需要六七个小时才能完工。

（二）裱糊

纸扎裱糊使用的糨糊，都是艺人用面粉自行熬制的，这种糨糊黏性比较大，制作程序也不复杂，在乡村几乎家家都会熬（图2-27）。这种糨糊黏合速度较慢，裱糊过程中如有出入，在较短时间内可轻松取下，重新贴糊。一般来说，一批中等规模的纸扎活大约需要两盆糨糊。

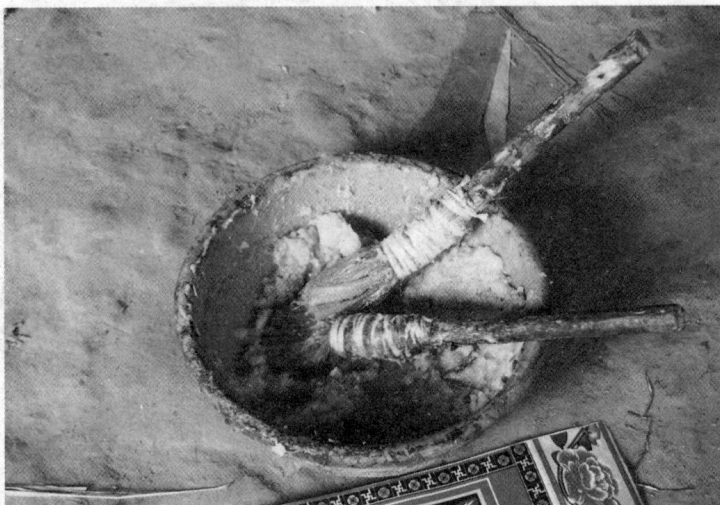

图2-27　自家熬制的糨糊

　　裱糊工艺相对来说比较简单，要求平整、端正。传统纸扎制作，在裱糊色纸之前，需先在骨架表面糊一层草纸，再根据配好的颜色把色纸贴糊于草纸上，这样不仅避免了较薄且相对较贵的色纸在使用过程中破损，同时也糊平了骨架上凹凸不平的结点，使整个纸扎品更加牢固、平整和美观。现在则直接裱糊机印彩色花纸，再装饰剪刻好的纹样。

　　裱糊时，先裱大面积的部位（图2-28），将大形统一，再糊小面积的空

图2-28　裱糊大面积部位

图2-29　摊在地上以备选用的花边　　　　　图2-30　贴花边

间，最后粘贴细部的装饰。一般来说，先用大幅整张的彩纸糊正面，因为这是要给人看的"面子"，侧面则可以用小面积的纸张拼贴，但要考虑相互之间颜色的搭配。在裱糊的时候，民艺中的节用观念得到充分体现，艺人对于碎小的纸边也不会随意丢弃，用于糊边角或补不足。裱糊没有太严格的限制，以色彩鲜艳为原则，可以较为自由地发挥，尤其是花边装饰，可以灵活选择，但要讲究对称、统一。艺人将各种图案花纹的纸条放在就近的柜子里或地上，一边挑选，一边贴糊，随意点缀（图2-29）。选用贴糊的纸张，每边要比骨架多出0.5～1厘米，作为黏合的部分，然后用刷子在纸的边缘抹上糨糊，要求涂抹均匀、到位，粘贴在骨架上。有些不易粘贴的部位，如外凸的屋檐、门柱等，还要在骨架上也抹上糨糊，确保粘得牢固、密实。粘贴时，要将纸张拉平，但不能拉得过紧，以防变形或耐风力差（图2-30）。

（三）剪刻纹样

传统罩子上的装饰图案，以剪刻纹样为主，称为"刀子活"，如云纹、如意纹、龙、凤、蝴蝶、八宝、花草等吉祥纹样，也有部分采用木刻彩印或彩绘的图案。在传统纸扎制作中，大量运用到剪刻纹样及装饰的手法（图2-31），因此有人认为"民间纸扎事实上是民间

图2-31　剪花边

剪纸艺术的延伸和立体化应用"①。现在则大量采用机器印刷的带有现成图案

---

① 李新华：《山东丧葬纸扎工艺的形态及其开发利用》，《民俗研究》2004年第4期，第177页。

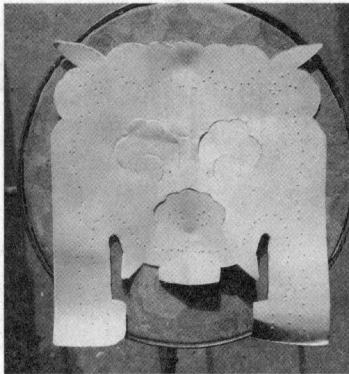

图2-32 瞠头样本

图2-33 上色后的瞠头

的彩纸糊裱，剪纸和手绘图案大为减少。

对于剪刻工艺技法的运用，有的图案可如大写意般地几下剪出大致的形象，如云字钩纹、盘长纹等；有的则需精雕细刻，如龙纹、瞠头（音，意为嘴巴大张的虎头），先将叠在一起的多张白纸剪出外形轮廓，再沿色区边线打上连续的虚线点（因为要刻、画多张，这样可以省工），画的时候按照虚线点区分的不同部位分别涂色，上色后他人不仔细观察是看不出点的（图2-32、图2-33）。现在通常直接买机器刻印的金龙、瞠头。

除了罩子等建筑构件，剪刻工艺一般还应用在人物服饰的装饰图案、各种道具、布景纹样、器用附件及动物皮毛等部分的制作上。例如，罩顶纸扎仙鹤极具质感的羽毛，便是用剪子细细剪出，再贴糊上的。

（四）彩绘

在纸扎的各项工艺中，彩绘是最容易出彩的，也特别考验艺人的技艺水平（图2-34）。相对于绑扎技艺而言，彩绘更能自由发挥；相对于裱糊技艺而言，彩绘的艺术含量更高。传统彩绘的颜料使用植物颜料与矿物颜料。植物

图2-34 手绘纹样

图2-35 涂饰罩顶

颜料容易退色，矿物颜料不退色，而且色泽深厚、沉着、耐看，但价格贵、成本高，不易买到，使用时较为麻烦，需自行调配。现在艺人主要使用广告色（宣传色），价廉易用，也有的用国画颜料，色感更好且不易退色，但比广告色价格略高。

纸扎彩绘主要在建筑附件、动物装饰以及人物五官、服饰、道具上采用。以罩子为例，彩绘主要见于罩顶、梁口的图案以及纸扎戏曲人物的五官、服饰装饰纹样。

因为罩顶不是视觉关注的重点，所以无须像罩身、二节那样贴糊复杂，而且底部已如此绚丽缤纷，顶部也应该适当素雅一些，才能繁简搭配、浓淡相宜，避免使人产生视觉上的疲劳感。过去罩顶是贴糊绿纸，再手绘红、白、黑三色。现在则是红顶，满糊粉红色纸后，在纸上用白线勾勒出云纹、如意纹，手法粗犷洒脱，一气呵成，再涂上大面积的黑色，降低色彩的饱和度，令人感觉协调舒适（图2-35）。

罩子的梁口部位绘制戏曲故事，当地俗称"亮子"，每幅画的大小类似年画，从画线稿到上色全部为手绘。艺人先用柳条炭笔①打出线稿，再用毛笔描

---

① 柳条炭笔画出的黑色一抹即掉，是民间绘画常用的起草工具，例如高密扑灰年画即是以此起稿。

出清晰的轮廓，最后上色。像这样的戏曲故事画，罩子上至少要有四幅，有的画六幅，画好后贴上。此外，大楼子、轿身等纸扎上面也可以见到这种题材的绘画。现在全部为机器印刷的，颜色艳俗，人物死板无生气。虽然现在手绘戏曲故事画已消失，但纸扎艺人家里都留有手绘线稿，俗称样子、谱子（图2-36、图2-37）。这是艺人看戏后，将戏曲人物形象及衣物的色彩等描

图2-36 张文科绘制的亮子线稿《全家福》

图2-37 张文科绘制的亮子线稿《鲍金花打擂》

绘下来，作为以后绘画时的范本，也有的是复制前人或画工较好的艺人的作品，直接摹写或作为自己创作的参照。一方面，这类"样子"是民艺创作通常采用的方式，民间剪纸的熏样、刺绣的花样也都可视为粉本。另一方面，扎制戏曲人物时也将之作为重要参照物，人物形象及衣饰的样式、色彩等都对照"样子"制作，可以简化上色过程，也不会走样、出错，确保技艺、传统文化得以稳定传承。

　　罩子上的一些花边纹样也采用手绘，用大写意的手法寥寥几笔绘就，有的纹样则是绘印结合，先用木版印出图案轮廓，然后手绘上色，称为"印版活"，例如梅花条、荷花边、脊条等（图2-38）。

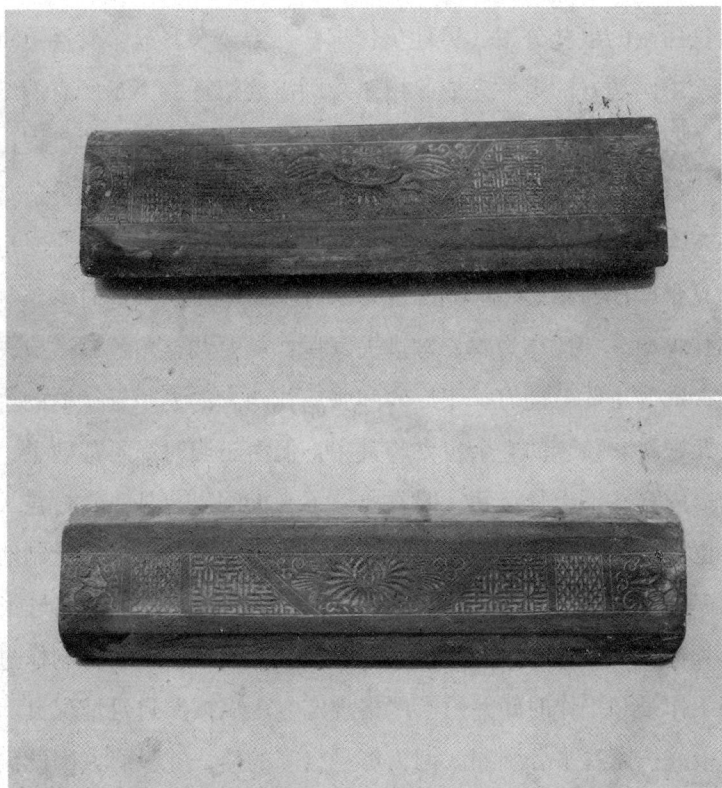

图2-38　张县廷雕刻的用于印刷花边的木版

全部工艺结束后，还要对纸扎进行"整形"，即最后检查一遍做好的纸扎品，查看形体是否平整，剪掉多余的纸边，抹平相接的纸缝，确保纸扎的美观与整洁。

民间手工艺一般都是家庭作坊式生产，全家参与，各有分工。纸扎制作时间的紧迫性，促使制作工序的分工和细化，绑扎、裱糊、剪刻、彩绘环节分别由专人负责。在传统社会，女人是不能制作纸扎的，因为丧葬风俗中有许多关于女性的禁忌；再者，传统社会的家庭分工明确，男女劳动力扮演的角色是不同的，男主外、女主内是既定的社会分工体系，男性负责赚钱养家，女性主要待在家里做后勤工作，打理家务，所以较少参与这种生产。随着社会开放度的加深，现在纸扎从业人员已无性别忌讳。

现在鲁西南的纸扎分工，男性负责绑扎、剪刻、彩绘，女性负责裱糊。剪刻、彩绘由画功好的男性完成。由于绘画需要悟性，不是所有的纸扎艺人都能画好（有的艺人甚至根本不会画），所以需由画功最好的负责，他通常也是生产的组织者、领导者。其他男性成员负责绑扎，女性成员负责裱糊。例如曹县东大庄村的张广寒一家，张广寒主要负责彩绘，人手少时也参与绑扎；其堂兄张广社与弟弟张广宪（也外出打工做电工，不定时参与制作）专门负责绑扎骨架。女性作为媳妇嫁进夫家后，就要调整角色，适应夫家的生产与生活，成为主要劳动力。张广寒和张广礼两人的妻子是裱糊的主力，张广寒的大儿媳在看孩子的空余也参与其中，但由于当时尚不甚熟悉，对什么地方贴什么内容并不十分清楚，时常要停下来询问。曹县王堂村艺人张玉周家的分工也大致类似，张玉周作为组织者，承担彩绘、剪刻、扎制戏出人物的工作，基本不参与绑扎，其两个哥哥负责绑扎，三人的媳妇与张玉周的大女儿负责裱糊（图2-39）。这种家庭内部分工模式，在实际制作过程中，每个人的工作量和工作时间并没有严格规定，可以按照自身情况灵活掌握工作时间，最终按家庭平分利润。因为都是自家的活，并没有人因此偷懒、怠工，也没有人计较谁多干了一些、谁少干了一些。

图2-39　家庭成员分工有序

四、鲁西南纸扎的审美特征

对于民间艺术的审美意识，吕品田指出："民间审美意识与整个民间文化观念长期保存着一种交织重叠、浑然一体的关系。因此，民间审美意识的各个方面——审美观念、审美认识、审美标准、审美情感、审美趣味和审美理想等等——都由于这种关系，而与民间大文化背景下的功利价值准则、功利态度和追求相关联。在这种关系中。民间审美意识必然会渗透民间价值观念，以至形成自己的特色。"[①]鲁西南纸扎作为民众审美意识的一种外在显现，其中也蕴含着深厚的文化内涵与意蕴，并通过造型、图案、色彩等艺术语言表现出来。

（一）造型之美

纸扎是立体造型的艺术，表现出一种雕塑意味，与西方石材雕塑的减法不同，是一种加法构成，即用秫秸、纸张搭建的三维立体构造。潘鲁生评价道："供奉纸扎在造型上，不求物体的重量感，不强调对象的体积和质量，而

---

① 吕品田：《中国民间美术观念》，湖南美术出版社，2007，第222-223页。

以塑、绘、虚、实结合，表现一种空灵轻盈、色彩灿烂的物象景观和气氛，在世界雕塑史上，它是一种独特的处理手法。"①纸扎的结构造型与所用材料有着密切关系。建筑类纸扎大都做得十分高大，甚至高达十几米。因为纸的重量几乎可以忽略，秫秸足以支撑纸质外部覆盖物，所以能够实现高大的效果，虽然是仿制品，也显得特别气派，符合民众幻想出的阴间美好生活的场景。

鲁西南纸扎的立体结构是由高粱秫秆支撑建构的，即使尚未裱糊、彩绘，仅是内部骨架，也呈现出一种美感。一根根秫秸像是一根根流动的线，相互贯穿、搭接，交织构建出整个骨架，颇具运动感和节奏感。线条作为一种视觉符号，可以界定形体、表现结构、表现体积。鲁西南纸扎骨架大多由直线构成，曲线较为少见，因此形成单纯、简洁的艺术语言，呈现出对称、均衡、稳定、轻巧的特点，富有节奏感、韵律感的形式美（图2-40）。除了揭示物体的结构内涵，线条的功用还在于表达情感，即线条的曲直、抑扬顿挫的变化也表达出艺人的内心情感。纸扎人物的五官和服饰纹样基本也是以线条的形式表现，呈现出一种稚拙的美感，仿佛是艺人质朴情感的投射。

图2-40 罩身骨架呈现出的美感

① 潘鲁生主编《中国民间美术全集·祭祀编·供品卷》，山东教育出版社，1993，"概述"第6页。

鲁西南纸扎的题材大多是生活中常见的事物，因而纸扎的造型具有一定的再现因素，表现出写实性特征。纸扎艺人虽然没有受过专业的美术教育，但具备发现美、表现美的本能，把对生活的感悟和对自然的认知融入纸扎制作中。如建筑、生活用具、动物、人物等纸扎，艺人通过写实手法来表现，追求外观神似，具有浓厚的生活气息。纸扎四合院，外形仿照当地民居的形式，采用粘连、镂空、剪贴、彩绘等手法，将屋檐、瓦当、廊柱等各建筑构件全部清晰呈现出来。屋顶用绘制出瓦片的色纸拼贴，梁柱装饰雕刻的纹样，窗棂贴糊镂空的剪纸图案，墙裙用带有砖块纹理的装饰纸裱糊，整个建筑显得富丽堂皇，比真实的建筑更富艺术效果。生活明器类纸扎，参照实物制作，大小、形状与实物相仿。马拉轿车的结构与现实马车十分相似，大车轮仿照原型，车辕模仿木头质地（图2-41）。拉车的马，高2米有余，身长近2米，这是纸扎中具有生命动感且体量较大的形象，艺人不仅完整写实地呈现其形象，而且造型生动传神，显示出威武神骏的形态。

图2-41　马拉轿车的大车轮

在具有写实性的同时，鲁西南纸扎还表现出写意性特征。艺人在观察生活并对所表现的事物了解、熟悉的基础上，塑造形象时并不是简单地模拟、再现原形，而是根据创作的实际需要，运用艺术化的手法提炼概括、夸张变形。这种概括、夸张是艺人在对实物的特征精准把握和合理提取的基础上完成的，因而所创造的形象又能为大众所认可和接受。

对于人们观念中臆想出来的事物，例如摇钱树、聚宝盆、金山银山等，鲁西南纸扎艺人按照头脑中想象的样子，并参照民间传说中描绘的形象，进行艺术再创作，在表达自身的同时，也反映大众的愿望与情感——发财致富、永享幸福生活。艺人把金山银山夸张地浓缩成一米多高的山形，并满贴金箔、银箔，使之通体变成金色、银色；摇钱树上挂的也不再是铜钱，而是金银元宝和超大额冥币。即使对于现实题材，如鸟兽、人物等，艺人所追求的也不是精确造型、逼真描绘，而是通过夸张、变形、渲染等艺术手法，突出神似意味。例如纸扎仙鹤，因只是罩子的附属配件，并不是观赏的重点，且位于高高的罩顶，离地约有4米高，人们需要仰头观赏，所以要表现出飘逸感，仿佛能够载人升天成仙。因此，艺人在创作时大胆取舍，抓住仙鹤的主要特征着重塑造，其余部位则简化或省略。张广社扎制的仙鹤突出了上半身，尤其是头颈部位，而将身上的羽毛简化为几条粗纸条略表其意，腿部则直接未做装饰（图2-42）。张玉周在制作仙鹤时，仅抽离出长长的颈部这一显著特点加以表现，身子和腿全部省略，不仅造型更加精练，而且突出了仙鹤内在的神韵，更具艺术概括力与表现力（图2-43）。

图2-42 张广社扎制的仙鹤　　　　　图2-43 张玉周扎制的仙鹤

（二）图案之美

生存与繁衍是民间生活与艺术的最高理想和追求，当面对死亡时，人们的这一愿望更加强烈。鲁西南纸扎的装饰艺术运用了丰富的吉祥图案，动物类有龙、凤、虎、狮、马、仙鹤、蝙蝠、鸳鸯、鱼、蝴蝶等纹样，植物类有牡丹、莲花、菊花、梅花、寿桃等，吉祥器物类有如意、八宝、铜钱、元宝、花瓶等，文字类有寿字、福字、万字等，还有祥云纹、曲水纹、回纹、龟背纹等几何纹样，通过运用对称、夸张、变形等造型手法，既诉诸视觉形式的审美体验，又传达出美好的象征意义，展现乡民对祥瑞、生命永恒的追求（图2-44）。例如鲁西南纸扎中大量使用的祥云纹，不仅在于云的自然造型本身婉转优美，而且云气高空飘浮、奇幻多变的自然形态也引发人的无限遐想。在人们的心目中，云是吉祥和高升的象征，代表着美妙的天界生活，人们想象中的天界正是人死后生活的理想境地（图2-45）。莲花具有多重象征意义。它在文人墨客的眼中是高洁的象征，出淤泥而不染，故有"君子花"之称，又代表着清廉与科考高中之意。然而在民众的眼中，莲花不仅是美好圣洁的代表，更有取其谐音表达"莲生贵子"的象征意义，以及鱼戏莲的求偶婚配寓意；而且莲花作为佛教标志，象征佛国"净土"，因而莲花纹也是纸扎中常见的图案，表现民众追求死后去往美好世界的愿望。

图2-44　满饰吉祥图案的罩身　　　　图2-45　装饰纸扎用的云纹剪纸

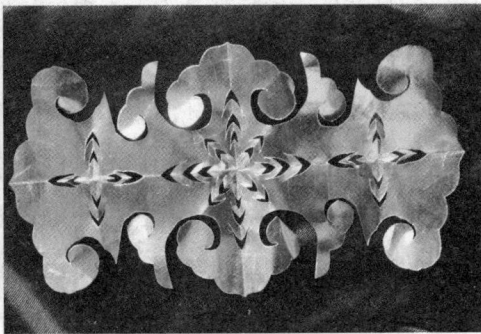

吉祥图案是中国民间艺术中一种基本的艺术样式。民间吉祥图案的选取，常取具体物象，通过象征、谐音、表号等手法加以代指，将其转换为具有某种特定寓意的符号，表达民众趋吉避凶的愿望与情感。例如鱼戏莲、蝶

恋花、二龙戏珠、蟠桃献寿等组合纹样，正是综合运用多种表现手法将两种或多种常见的同类祥瑞符号进行叠加、组合，强化符号的表意功能，形成一套复杂的象征和指代关系系统。

视觉艺术中图案与形象的展示和意义"隐含的是一个表演的过程"[①]，图像本身所具有的艺术表现力，与欣赏者本身所具有的阐释能力相关联。对于识字不多的一般乡民来说，这些吉祥图案是他们在日常生活中常见的事物或形象，它们所代表的意义不言而喻。这些图案便相当于他们情感、思想的文字表白，用来表现乡民对富足、安定、和谐生活的热切企盼。同时，这种符号的大量使用，使画面构图丰富饱满而又和谐有序，也使纸扎表现出强烈的装饰性意味，既耐看，又经得起品味，能够触发欣赏者的各种联想。

（三）色彩之美

纸扎是给亡者使用的，但它也要展示给生者观赏，这就决定了纸扎在艺术表现形式上注重装饰性，重视色彩的视觉效果。

纸扎外形虽然仿照实物，其色彩却是非常主观的，大部分改变了日常物品原本的色彩，而改用鲜艳明亮的色彩，表现出夸张的特色。潘鲁生在评价纸扎的色彩特点时说："民间纸扎的另一特点，表现在它施彩时超越物理性的特征。它融对比、调和、同类色谱为一体，渗透了全部的色彩语言表达，如同民间打击乐一样悦耳动听，表现出热烈激昂的感情色彩。"[②]鲁西南纸扎用色热烈明快、活泼大胆，讲究强烈的色彩对比效果，表现出浓郁的乡土气息（图2-46）。鲁西南纸扎的主体颜色大都采用红、黄等鲜艳的暖色，再辅助一些绿、蓝、紫等冷色，相近的颜色通常互不相邻，相邻的多为对比色，例如红绿搭配、黄紫搭配、黑白搭配等，因此色彩鲜艳夺目，对比强烈，具有强烈的视觉冲击力，极具装饰效果（图2-47）。纸扎艺人可能在理论上讲不清色彩学上的色相、明度、纯度或色彩的冷暖及面积的搭配与对比等，但在其纸扎作品中，对色彩的运用竟如此熟练和得心应手。

---

① 彭牧：《作为表演的视觉艺术：中国民间美术中的吉祥图案》，袁博译，"民间叙事的多样性"民间文化青年论坛第二届学术讨论会论文，北京，2004，第120页。

② 潘鲁生主编《中国民间美术全集·祭祀编·供品卷》，山东教育出版社，1993，"概述"第5页。

图2-46 用色热烈明快的纸扎（黄瑞拍摄）

图2-47 多用红绿对比色搭配的罩顶

在强调色彩对比的同时，纸扎艺人也兼顾色彩的调和。例如，在色与色之间加边线以提亮色块；人物的总体彩绘效果若是太跳突或太刺眼，如大块面的纯色或饱满的纹饰，便用金色、银色调和（若是太平淡，也可以用金色、银色提色）；小块面的服饰装饰纹样，设定为深底浅花、暗底明花、白底碎花的搭配，增强了艺术表现力；还灵活运用黑色，起界定作用，促使效果明朗化。

鲁西南纸扎的色彩既层次丰富、对比强烈，又讲究和谐自然，整体效果鲜艳、热烈、轻松、明快，给人一种视觉上的美感，反映出当地民众以艳、满为主调的质朴的色彩观念。同时，色彩也具有符号的意义，能够指示某一事物或表现特定情感。鲁西南纸扎的色彩运用，与当地民众的情感表达密切相连，是民众哀伤消沉情绪的宣泄，也是积极乐观情感的表达。"五光十色的戏曲人物，金碧辉煌的建筑格局，色彩艳丽而单纯的瑞兽祥鸟，已经超越了实际物象的色彩，在特定的丧俗活动中，发挥了巨大的视觉冲击力；作为装饰艺术融合民俗活动的同时，它以强烈的色彩对比抓住了祭奠者和旁观者，使物理色彩和情感色彩交织在一起，形成心理上的撞击，所以我们并没有感到丧家之严肃，而感到某种热烈的人情味。"① 虽然纸扎丰富缤纷、浓烈艳丽的色彩设定与丧事的悲伤氛围并不相衬，反而烘托出红火热闹的气氛，但这并没有使观者感觉不协调（图2-48）。这种色彩心理，反映了民众对生死的认知以及对待生活积极乐观的态度，也是纸扎艺术色彩斑斓、艳丽明快的原因之一。

图2-48　艳丽的纸扎烘托出红火热闹的气氛（王蕾拍摄）

① 潘鲁生：《山东曹县戏曲纸扎艺术》，重庆出版社，1993，第9页。

"艺术是人类情感的符号形式的创造。"[①]艺术创作，是现实生活作用于创作者的情感，创作者再将主观情感形式化的过程。纸扎作为一种符号形式的体现，是艺人运用符号的方式将民众的情感转变为诉诸人的知觉的造物，并展示出来供大众观赏，它的造型、线条、图案、色彩、肌理和内在的艺术情感是紧密联系在一起的，并折射出当地民众的生活方式、民俗观念与审美意识。鲁西南纸扎制作融多种工艺手段为一体，艺人对材料的选择、工具的运用、结构的塑造、图案的设计、色彩的表达都实现了实用功能与审美功能的完好结合。

第三节　纸扎戏曲人物

鲁西南纸扎中最具特色的是纸扎戏曲人物，也称"戏出纸扎"，当地俗称穿"原身人"（音）[②]、穿"人子"，因其主要依附于棺罩之上，又称"罩人"。这种纸扎戏曲人物高20～30厘米，每个人物先以麦秸或稻草扎出骨架，再用泥模范制出头部，仿照戏曲脸谱形象施彩开脸，并以彩纸折叠剪贴出服装、佩饰。纸扎人物角色取材于戏曲舞台的人物原型，以一出戏曲中的二至五个人物为一组，表现剧目中的经典情节。鲁西南纸扎戏曲人物并非作为独立个体呈现，而是插在罩子、大幡、大楼子之上。棺罩上一般有12个纸人，至少也要有8个，主要置于棺罩口（图2-49）；大楼子上一般扎3个纸人（图2-50）；大幡最上面一节每条侧边放2个纸人，共计12个，现在简化为插3个纸人。

---

① ［美］苏珊·朗格：《情感与形式》，中国社会科学出版社，1986，第51页。
② 当地纸扎艺人对于"原身"具体应写作哪两个字也都说不清楚，而且第二个字的发音也有xing、xi的不同。

图2-49　罩子顶部的纸扎戏曲人物

图2-50　大楼子上的纸扎戏曲人物（王蕾拍摄）

关于纸扎戏曲人物的起源，潘鲁生认为"它的形成同傀儡戏的演变有内在的渊源关系"[①]。其实，戏曲人物是民间艺术常见的题材，既有年画、剪纸塑造的平面形象，也有通过面塑、泥塑、纸扎等技法塑造的立体人物形象。鲁西南的纸扎戏曲人物是当地特定的人文历史环境的产物，与当地民众喜爱唱戏、听戏的风俗分不开。当地民众的这一爱好也深刻影响到丧葬仪式。人们从自身的感性体验出发，从生者的生活投射出死者的世界，为满足逝者在所谓阴间的生活需求，便扎制并烧送他们生前喜欢的戏曲人物，使之在阴间也能得到这种精神享受。同时，戏出纸扎也兼具娱人的功能，是围观者观赏、评论的重点。

戏出人物是纸扎中最出彩也最能显现技艺水平的地方。纸人、纸马、纸房、纸箱柜等都是常见的纸扎形式，艺人在扎制时，往往为了赶工，并不投入感情，也没有创新之处，只是按照祖辈传承的程序快速赶活；但是艺人对纸扎戏曲人物则需用心揣摩，颇下功夫，才能塑造出生动传神的形象，吸引更多的观赏者。纸扎戏曲人物的盛行，"说明纸扎艺术在一千多年的演变中，已经向世俗转化。这是艺术发展的通性，也是艺术从结合实用到独立鉴赏的一个转化过程"[②]。

纸扎戏曲人物都是出自当地百姓喜闻乐见的戏曲故事。过去流行丧家"点戏"，即死者家属指定艺人扎制死者生前最喜欢的剧目和人物；现在听戏、爱戏、懂戏的人少了，"点戏"也已流于形式化，大都是由艺人自行安排。艺人往往选择自己最擅长的人物，以简单的旦角和小生为多，较少扎制武将、花脸。近二十年都已不再论"出"扎制，纸扎人物的数量也越来越少，甚至罩子上缩减为两个。

一、制作工艺

纸扎戏出人物是绑扎、折纸与绘画工艺的结合。因为纸扎人物是在丧葬仪式中使用，很快会被烧掉，所以制作并不是特别精细，造型单纯，做工简

① 潘鲁生：《民间丧俗中的纸扎艺术》，《民族艺术》1988年第1期，第61页。
② 潘鲁生主编《中国民间美术全集·祭祀编·供品卷》，山东教育出版社，1993，第294-295页。

单，但概括性、装饰性极强，带有粗犷的写意特色。

（一）范制头模

纸扎人物的头部用泥模范制而成。模具俗称"人头模"，是由艺人先捏塑出头型，再用石膏制作模具。模具的精细程度，决定了纸扎人物面部轮廓的清晰度。人头模按大小分为三种型号：大号的用于童男童女、车夫、仆人等较大的纸扎人物；小号的用于制作常规的原身人，使用最为普遍；中号的使用最少，用于略大的原身人，通常比常规的头模大一号、高出两三寸（图2-51）。同等大小型号的人头模，又按照行当角色分为小生、旦角、丑角、花脸等几类，旦角为狭长、尖颌的目字脸，小生为宽额方颌的国字脸，丑角用上削下尖的由字脸，花脸用扁而方正的田字脸。

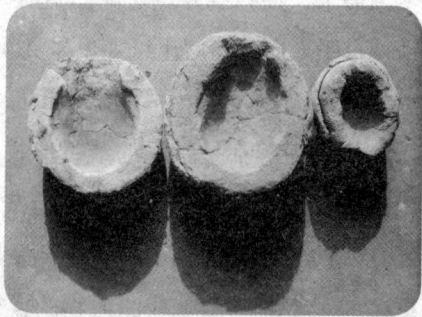

图2-51 不同型号的人头模

用模具范制人头，便于小批量复制，操作简单，节省时间，提高生产效率。艺人往往在农闲时集中范制一批，足够供一年使用。制作时，选用黏性好的黄河胶泥（干燥后不开裂），和成泥团，选取需要范制的人头模，揪下大小合适的一块泥团，揉成陀螺状，让陀螺的尖对准头模的鼻子，按在头模里，并用大拇指向下按压，将泥塞满模具，这样才能使脸部泥坯轮廓清晰，五官塑形完整。成形后，轻轻左右晃动，用巧劲往外取出，不能硬取，以免泥坯扭曲变形。制作大号人

图2-52 范制出的旦角头模

头时，出于承重的考虑，头部是空心的，即将泥擀成薄薄的两片，贴到两片模具上，再扣合范制（图2-52）。最后，在泥头底部插入一根短竹签，用以连接身子，并根据戏中的行当角色，修改脸型细微处。

纸扎戏出人物的高度受罩子空间格局的制约，不能做得太大，人物躯干

比例结构并不完全符合"立七坐五盘三半"的常规设定，而是头部偏大，身高约为五头半或六个头高。

（二）装扮头模

范制出的头模，只是提供人物角色的头脸轮廓，阴干后，还需开脸，即彩绘脸部五官。脸是传情表意的主要部位，尤其是眉眼，最能展现人物情感，因此开脸的好坏直接影响人物形象效果。艺人使用水粉颜料，用简练的线条勾勒出人物五官，寥寥几笔，人物性格即被鲜活地刻画出来。开脸时，旦角、小生比较简单，丑角较为复杂，花脸色块多，最为复杂。

第一步，粉头。即用毛笔蘸满白色颜料，均匀地将整个脸部涂白，类似现代化妆步骤中的打粉底（图2-53）。

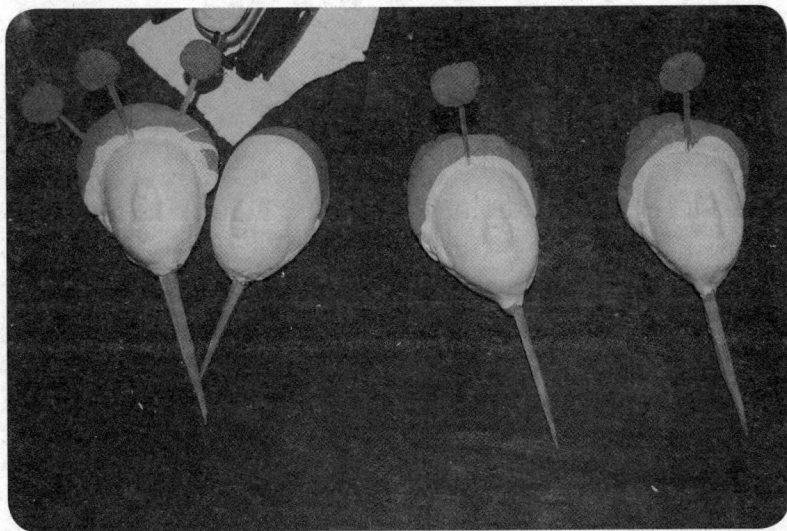

图2-53　粉头后的人物泥头

第二步，搽脸。也称"上气色""染肉色"，类似现代化妆中的打腮红。最初是用棉球以类似搽胭脂的方式搽出来。现在则是用笔晕染出来，即用笔尖蘸二红颜料，笔头要分出深浅，先用一支深色的笔在脸的左颊上按顺时针方向轻柔地旋转一圈，使脸部晕出红的气色，再换一支笔，蘸清水在红色外沿转一圈，形成内深外浅的晕圈。然后，按照同样的方法在右颊上进行搽脸（图2-54）。用笔要转得均匀，效果才能自然、耐看。旦角和小生的搽脸并

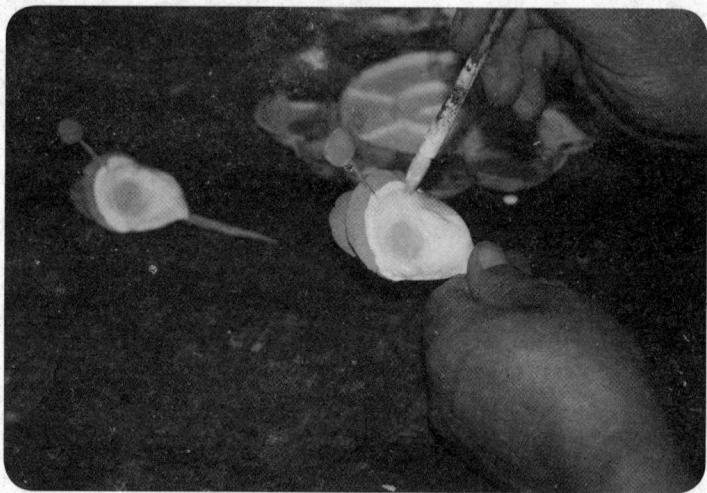

图2-54　搽脸

无区别，丑角和花脸则无须搽脸。

　　第三步，开眼。即画眼皮、点眼珠。使用小狼毫笔，根据眼睛的轮廓，在眼白边上用墨画出上眼皮和下眼皮（图2-55）。需要画双眼皮的，在上眼眶左右再各加画一笔。为了使眼睛有层次深度，在下眼眶的眼梢和眼根处用淡墨加深，眼眶神气便吊出来了，有一种立体感。有的艺人则直接省略了下眼皮。画时要注意笔肚不能蘸太多水，以免滴色。

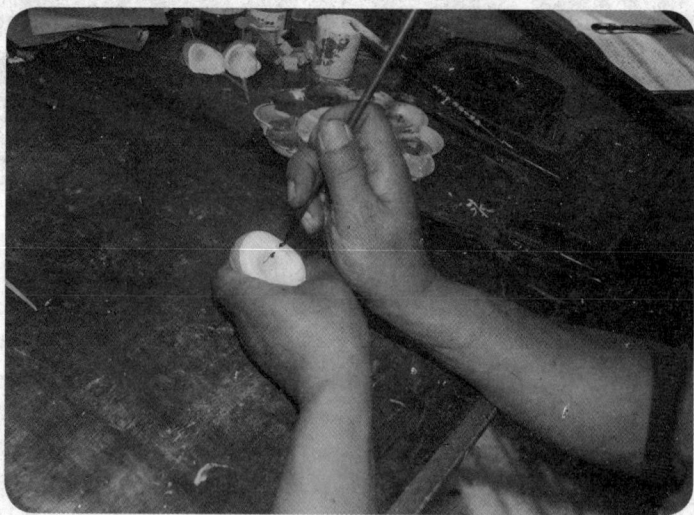

图2-55　开眼

一个人眼神的表情，与眼珠的大小和左右位置分不开，眼珠视向与视线是一致的。一般眼珠不应画成圆形，尤其是眼睛正视时的眼珠，通常只画大半个圆形。若是画成圆形，会让人感觉瞳孔放大，给人一种恐惧或呆板的感觉。眼睛的高光点，要画在眼珠视向的一边，不能放在正中。具体到一组戏出人物，人物之间的眼神要相互呼应，或对视，或斜瞄，或偷窥，眼睛生动有神，好像活了起来。

第四步，画眉毛。男性的眉毛通常画得粗、浓，而且微微立起，显示男子精神有力；武将为剑眉，眉毛半竖，显示其勇武的威势；旦角的眉毛细细弯弯似柳叶，显得眉清目秀；刀马旦则是浓眉凤目，眉毛微立，比正旦要粗一点，显得威武厉害、有力气。

第五步，点鼻孔。鼻子直接采用范制的鼻型轮廓，无须刻意描绘，只需在鼻孔处用墨笔点两个黑点。

第六步，画嘴。嘴对表现人物表情也起到重要作用，嘴的开闭形状要画得具体（图2-56），民间艺诀总结道："若要笑，嘴角往上翘；若要哭，张嘴下撇缩；若要怒，两唇如闭户；若要静，嘴唇松而平。"无论男女，嘴都要画得比实际小，类似古代唇妆的化妆方式。尤其是旦角的嘴，讲究"柳叶眉，杏核眼，樱桃小口一点点"，小而收敛，红润可爱。

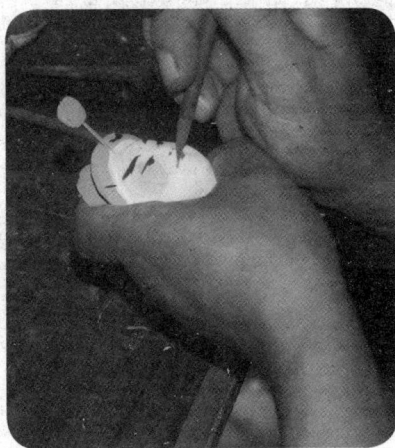

图2-56　画嘴

画完嘴后，借着红色，在每个人物的额头正中点一个红点，带有开光的意味。

第七步，画鬓发。画刘海和鬓发时，用笔要齐整，层次分明（图2-57）。

图2-57　画鬓发

过去刻画细致，耳朵也要进行描绘。现在由于人物头部偏小，耳朵遂省略不画。

第八步，装点头饰。用丝绸、彩纸、绒球、金属丝、竹签、丝线等材料，通过剪、刻、折、贴、嵌等手法，把角色的头饰一样样做到头上（图2-58）。例如，用毛线或丝绒做胡须，用金银纸剪出冠帽，女子头上戴绢花作装饰，武将所戴的头盔上装饰多色绒球等，使纸扎人物更加精美、绚丽、生动。

图2-58 装点头饰

开脸特别考验艺人的画功，艺人左手持底部木棍，右手腕悬提，描绘时用笔要自然灵活，注意深浅轻重，手不能抖动。这需要不断练习，尤其是练好手腕的基本功，才能将人物画好。旦角与小生的开脸比较简单，丑角较为复杂，最复杂的是花脸，需要耗费许多工时，所以现在艺人基本不画花脸了。

（三）绑扎骨架

人物的身体骨架用一束麦草或稻草①绑扎而成（图2-59），类似于孔子所说的"束草为人形"。考虑到人们需仰头观赏的方式，纸扎人物大都塑造为站姿，也有少量坐姿人物。女性为两腿并立的站姿，而且穿长裙遮掩住腿脚，故只需将一束麦草的

图2-59 用麦草绑扎身体骨架

细梢部分弯折下来，再从上到下捆绑三道，即制成身子，腿部直接省略，仅在身子底部插一根竹签，用以支撑。男性尤其是武将（包括花旦）则要采用两腿分立的站姿，才能端出架势。具体工艺为：将一束麦草归拢整齐，在上部近三分之一处向下弯折，并用绳子捆绑两道，在底部约三分之一处一分为

---

① 麦草比稻草更挺实、好用，稻草则略硬，不易把头部插入。

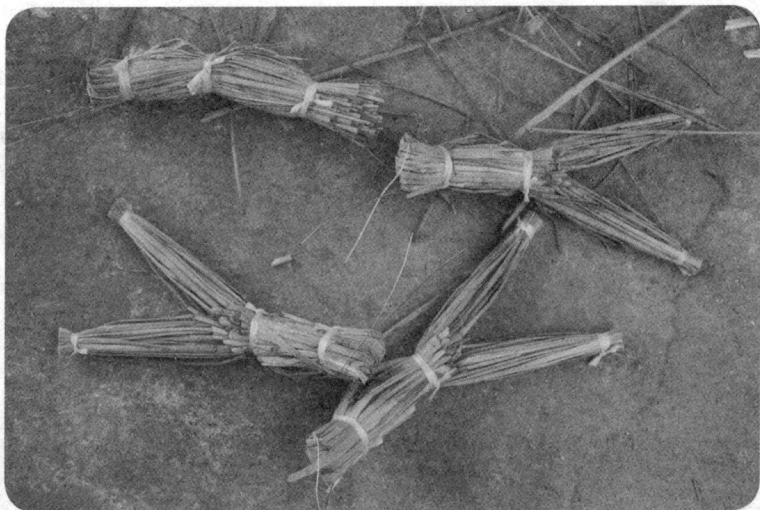

图2-60 两种身体骨架

二，分别绑扎，最后在两腿下面各插一根竹签（图2-60）。男子所穿的白底黑靴，用泥模范制或直接捏成，再上色（图2-61）。因为胳膊的动势最明显，需要做成活动的，以便能自如地摆出各种姿势，所以胳膊都无须扎制，而是用一根铁丝穿连在肩膀处。因古装服饰衣袖长，手往往都掩于袖中，故一般不用刻意塑造手。但有的人物也需要塑造出手来，如《穆桂英挂帅》中的穆瓜，两手高举，手自然需要显露出来，艺人便用纸剪出手型，粘在衣袖上。

图2-61 穿靴

（四）制作服饰与道具

传统丧俗，死者所穿寿衣从内衣到外套有好几件，所以艺人在创作原身人时也是如此，从里到外给纸人套上几身衣服，至少也要有两身。一般是在骨架外先裹上一层皱纹纸，作为人物的内衣或底衬（图2-62），再穿外面的纸衣（图2-63、图2-64），女子着衫、裙（图2-65），男子一般穿袍服或裤，武将则身披铠甲，外出的人物通常加披一件斗篷。虽然里面一层待完工后可能看不出来，完全可以出于省工的考虑而简化掉，但艺人认为传统习俗还是应该遵守，未做简化。

图2-62　穿底衬

图2-63　穿第二层纸衣

图2-64　穿第三层纸衣

图2-65　妆饰完毕的女性人物

制作服饰时，先用色纸裁剪出外形轮廓，将平面纸片折叠成立体衣状，然后"穿"在草架上，再进行装饰。材料不仅决定了一定的加工处置材料的工艺技术，而且决定了一定的装饰方法和艺术表现风格。譬如衣袖、裤管弯曲之处的褶皱，利用纸的韧性和弹性，先将色纸做局部挤压，再展开，所获纹理自然而简洁，毫无刻意做作的痕迹。根据人物身份角色的不同，所用的纸张也不相同，一般人物的衣物用皱纹纸，纸质柔软而富有韧性，本身的褶皱最能显现衣服蓬松、柔软的质感，避免了平纹纸的呆板，视觉上给人一种真实感；达官贵人的衣饰多用蜡光纸，质感细腻，显得高档富贵。现在图省事，大都用普通的色纸。因戏出人物的衣服为纸质的，所以当放在街上展示时，能够随风飘动，使静态人物造型呈现出动感。

服饰的纹样装饰，集中在领口、袖口、衣缘、下摆部位，采用剪、刻、绘、印等工艺进行描花、勾金。图案纹样布局秉持"重前不重后，重上不重下"的原则，因为后面人们看不到，所以画工都集中在视线所及的正面；两侧也画得少，甚至不画。图案纹样与主体色调的关系是"远看颜色，近看花"，远看总体颜色效果，近处品味图案纹样。纹样并不画得太多、太满，否则不仅费工，而且显得凌乱，感觉让人透不过气来，而是"少而精"，主次分明，既省工，又好看、耐看。

常用纹样包括海水纹、云纹、如意纹、花草纹、寿字纹、盘长纹等吉祥纹样，既有彩笔勾画的，也有剪刻而成的。用笔施彩时，类似中国画的写意画法，将施彩的勾、画、点、染灵活运用，融为一体，笔锋准确有力，笔触洗练干净，不能出现两色之间有搭色的现象。武将铠甲上的纹样十分复杂，先用硬纸片剪出铠甲各部位的轮廓，再一笔笔勾画纹饰。纹饰通常构图饱

图2-66　勾画铠甲配件

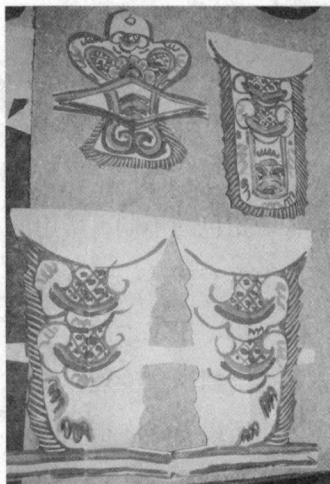

图2-67 全套铠甲配件

图2-68 穿铠甲

满，先用蓝色勾出轮廓线，再用绿色、大红色点缀（图2-66），最后用白色在蓝边上画出边纹，营造层次感（图2-67、图2-68）。

最后制作飘带、腰带、令旗、靠旗、刀剑、长枪、鞭子、扇子、拐杖等道具，分别粘到相应部位。

过去讲究的罩子，除了常规的原身人，还有穿洞子，即在梁口部位凹缩进去两三寸，形成类似戏台的空间，用通草、绸绫、纸绢做成精美的戏出人物，称为"包衣"（音），人物栩栩如生，生动传神，并用玻璃罩罩上，显得更加高档。现在这一技艺已失传。

（五）组装头身

将画好的头模插在人物骨架上，插时不能用力过度，不能硬顶，否则头模可能会变形。头部要插正，确保轴线垂直稳定。若是偏前，则人物伸颈如鸡；若是靠后，则缩脖如龟；若插偏了，则变成歪脖子，都不好看。纸扎戏曲人物一般放置于高处，人物头部的安置通常向下倾斜30度，面朝观众，适于观看欣赏（图2-69）。这是民间艺人创造的朴素的透视方法和装饰原则。

图2-69　大楼子上向下俯视的纸扎戏曲人物（陈昊拍摄）

（六）扳架势

当地俗称"拉架"，即在人物关节部位扳出预想的动作，摆出一定的身段。身段动作是纸扎人物造型的关键，摆出一定的姿势，如甩袖、托髯、搓手、踢袍、袒膊等，有助于塑造人物性格、表现人物内心，并且显现出动态美（图2-70）。例如《黄鹤楼》一组纸扎人物中，周瑜横眉立目，拉开弓

图2-70　扳出架势的赵云与糜夫人

步，口衔单翎，左手提袍角，右手搯翎子，做愤怒状，誓要将刘备拿下；刘备面目庄重，戴三缕髯口，身体前倾，拱手作揖；赵云昂首挺胸，两手提下甲，手中并无兵器，但不畏东吴兵马和周瑜的恫吓，沉着冷静地思考脱逃的对策（图2-71）。这些人物的动作、身段都是经由艺人根据特定的情节和人物性格设定的，才使得人物能够出彩。

图2-71 《黄鹤楼》中的周瑜、赵云（引自《山东曹县戏曲纸扎艺术》第16-17页）

若是整体姿势的大调整，需扳动腰部；若是手脚的前后、左右、弯曲程度等小调整，只需扳动相应关节即可。扳架势时，要考虑好，果断下手，一次扳成，把人物的气度或气势扳出来，使人物静中寓动，动中带情，从而给纸这种普通材料赋予了新的生命和新的造型。

人物造型完毕，要审视一下是否符合特定情节中的特定动作，还要注意查看角色之间的位置布局和动作、表情的呼应关系，再做适当调整。例如《打金枝》中的五个纸扎人物，最左边为押解的卫士，右手持刀，左手推着被反缚的郭暧上殿请罪；身穿红衣的郭暧，虽双手被反缚，但内心不服，露出一副仍想据理力争的神情；郭子仪站在正中位置，身躯微微左转，面向皇帝，两臂抬起，似乎在诉说着儿子的罪过；皇帝表情仁慈祥和，身子右倾，与郭子仪形成互动，似乎在劝解着郭子仪；公主站在最右边，侧身看着郭氏父子和皇帝三人，似乎在揣摩着皇帝将如何处置此事。戏中五人，各自独立，但又相互呼应，塑造出鲜明的人物形象，并将整个故事叙述出来（图2-72）。

图2-72 《打金枝》中的纸扎人物（引自《纸人纸马》第91页）

二、"戏中有画、画中有戏"：两种艺术形式的结合与转换

根据艺术形象的存在方式，艺术可划分为时间艺术、空间艺术和时空艺术三大类。纸扎作为一种民间美术形式，以立体的可视的审美形象，在空间中呈现出静态的存在形态，属于空间艺术。戏曲是一种综合性舞台表演艺术，是音乐、舞蹈、美术、文学、武术、杂技等多种艺术形式的融合，给人以视觉、听觉上的多种美感享受，属于时空艺术。李心峰在谈及艺术类型范式演化的基本规律时，所指出的第一条便是"艺术类型相互之间的排他性与互渗性的矛盾运动"[1]，认为不同艺术类型既有相互对立排斥以强调各自规范

---

① 李心峰主编《艺术类型学》，生活·读书·新知三联书店，2013，第36页。

的一面，也有相互吸收、借鉴以丰富各自艺术表现手段的一面。俄罗斯美学家卡冈也曾论述道："在所有艺术样式的形成和发展的现实过程中，两种对立的力量——吸引力和排斥力——相遇并相互作用。一方面，每种艺术样式独立自存的条件是制定出不重复的、只为它所特有的对现实的艺术掌握方式，这要求它'排斥'其他所有艺术；另一方面，同其他艺术的经常接触迫使它掌握它们的经验，体验它们所制定的手段，而首先和主要的是寻求与它们直接结合、形成综合艺术结构的途径。"① 由于所使用的材料（具有空间物理属性或时间物理属性）和采用的方法（运动方式或静止方式）不同，各艺术类型表现出一种排他性。同时，不同艺术样式之间也在相互借鉴、影响，吸收对方的主题、表现手法、艺术精神等，拓展自身的艺术表现力。

戏曲艺术与民间美术联系密切，一方面，面具、脸谱、木偶、皮影等民间美术形式被直接用于戏曲表演中；另一方面，戏曲故事、戏曲人物是民间美术常见的表现题材，除了纸扎，还有年画、鞋样本子、扇面画、面塑花供、剪纸、雕塑等多种造型艺术形式作为其载体。鲁西南的纸扎戏曲人物，是由技艺高超的纸扎艺人，选取某一精彩的表演片段、感人至深的情节、典型的人物形象，通过塑造人物的表情、身段程式、衣装扮相，将戏曲这种时空表演艺术转换为纸扎这种空间艺术，使之具备了可供人观赏和触摸的肌理，从而让人通过观赏其色、形就能想象其声、行。

（一）戏曲与纸扎两种艺术形式之所以能够实现转换，首先在于共同的社会文化背景与认知心理

在中国古代社会，文人是轻视戏曲的，所以在文人画中很少有戏曲故事题材，而老百姓则十分热爱戏曲艺术，逢年过节、迎神赛社、庙会集市、礼仪庆典等场合都离不开戏曲表演，而且民众不仅喜欢看戏、听戏，也爱唱戏，当生产劳动间歇或日常闲暇时，也在田间地头、街头巷尾唱上两嗓子，自得其乐。

鲁西南纸扎戏曲人物的选取，出自当地流行的传统戏和地方戏剧目，

---

① ［俄］卡冈:《艺术形态学》，凌继尧、金亚娜译，学林出版社，2008，第373页。

如三国戏中的《截江》《长坂坡》《诸葛亮吊孝》,《水浒传》中的《风雪山神庙》,《西厢记》中的《张生见莺莺》,《说唐》中的《敬德战罗成》《对花枪》,《白蛇传》中的《借伞》《断桥》,《杨家将》中的《杨七郎搬兵》《杨门女将》,以及《说岳传》《三侠五义》《施公案》《彭公案》《二进宫》《杀庙》《柜中缘》《沙陀国搬兵》《十五贯》《打渔杀家》《卷席筒》《汉宫怨》《牧羊圈》《牛郎织女》《打金枝》等。其中,大量的是武打戏,既有短打也有长靠。武打戏的工架、身段充满动感,故事情节也引人入胜,符合乡民喜欢热闹的心理。正因为人们对故事情节极为熟悉,所以当看到纸扎人物时,虽然只有两三个人物,而且没有背景,但一看便知是哪出戏中的哪个情节、什么人物。

　　纸扎艺人本身对戏曲也是十分熟悉的,不仅熟知戏文内容,有的还能唱上一段。艺人在观看表演时会特别注意观察、模拟剧中演员的神情、举止、服饰,总结戏曲艺术的表演规律,分析剧中人物性格,选取典型场面、特定动作,尤其是能够突出展现人物性格的瞬间加以表现,将人物的眼神、表情、手势、身段都活灵活现地表现出来,实现由动态的戏曲演员表演向静态的平面人物形象的转换(图2-73)。

图2-73　纸扎艺人将动态表演转换为静态图像(张玉周藏亮子线稿)

艺术来源于社会生活，民间艺术更是直接生发于民众生活土壤之中。戏曲表演源自生活，如上马、下马、牵马、骑马、划船等动作，都是生活中同类动作的再现，所以不同的艺术形式之间也就有了相通的可能性。虽然戏曲艺术源自生活，但并不是对生活的简单模仿，而是通过艺术加工和提炼后呈现出来的富有美感的表现形式。在戏曲舞台上，演员的表演是一种虚拟性表演，可以借助简单的舞台场景，如一桌二椅，通过演员的动作，即表现出升堂议事、堂屋宴会或内房闲叙等不同场景；也可以通过舞台动作来表示活动过程，如扬鞭意为骑马，摇桨意为行舟，举旗意为乘车，人物的上场下场就是时间的跳跃。布莱希特评论中国的戏曲艺术道："这种艺术使平日司空见惯的事物从理所当然的范畴里提高到新的境界。"①这种以抒情写意为特征的虚拟性表演，与西方戏剧的写实性表演有很大差异，简化了道具、布景，更加突出演员的表演，考验演员的艺术想象力。戏曲演员的身体语言，是舞蹈化了的动作，本身就具有绘画美和雕塑美特征。因此，纸扎艺人只需将演员的身段程式塑造出来，就能把人物的性格、动态展现无遗。

戏曲作为一种时空艺术，经过对生活体验的高度概括所提炼出来的舞台表演动作，表现为在空间上不断变换着的画面构图，具有空间的实体性。它的视觉形象，能够像造型艺术那样直接呈现在观众前面，只不过是能够随着时间的流动逐步呈现出的连续性的表演动作。所以，戏曲纸扎是在戏曲艺术形象连续活动的过程中定格出某一瞬间的精彩画面，并通过造型、色彩、线条等加以重现，完成由时空艺术向空间艺术的转换（图2-74）。

图2-74 《对花枪》纸扎戏曲人物（鲁西南民俗博物馆藏）

① 汪流等编《艺术特征论》，文化艺术出版社，1984，第568页。

（二）两种艺术形式能够结合并转换的第二个原因在于中国民间艺术创作中的程式化手法

中国人的思维方式，习惯于将需要表现的事物符号化、程式化、标准化。程式化是一种独特的艺术语言，因为程式化的形式易于模仿，便于艺术创作在民众中得到普及和扩大影响，所以具有较稳定的沿袭性。戏曲角色按照性别、年龄、性格、身份等特点，一般划分为生、旦、净、丑四大行当。每一行当又细分出多种角色，如作为女性角色的旦角，又可细分为青衣（正旦）、花旦、刀马旦、武旦、老旦、彩旦。戏曲表演经过长期舞台表演的锤炼和摸索，逐步形成程式化套路，妆饰、服装、手势、身段、台步都成为具有象征意义的艺术符号，具有严格的规范程式，并据此可区分角色。纸扎便是从这些程式化符号中抽取典型动作、服饰、妆容，实现与戏曲的对接。在同样文化背景下长期受到熏染的观众，立于纸扎前，一看便知人物角色的性格、人品，好似亲临剧场一般。

1. 妆容的程式化

脸谱是戏曲表演中独特的面部化妆艺术，运用夸张的手法表现人物的五官和面部纹理，清晰展示人物的性格、性情与心理等特征，表现出一定的象征意义。脸谱的线条、块面及色彩既是性格化的表现，符合人物的基本神气，另外也具有强烈的规范性、程式化的形式美感。[1]脸谱使用的色彩有红、紫、黑、白、蓝、绿、黄、老红、瓦灰、金、银等，这是对人物自然肤色的夸张描写，并发展为性格象征的寓意用色。例如，红色表示忠勇义烈，代表人物如关羽、姜维；黑色表示正义、豪放，代表人物如包公、张飞、杨七郎；黄色表示勇猛、残暴，如典韦、宇文成都；白色表示奸诈，如曹操、赵高；蓝色表示勇猛刚直、桀骜不驯，如窦尔敦；金银色表示庄严，多用于神鬼角色。这种色彩语言符号折射出中国人对色彩的理解和偏好。在面部的构图谱式上，可分为单一颜色的整脸、将两颊与额部分成三块的三块瓦脸、从脑门至鼻尖形成立柱纹并与两眼连线构成十字图案的十字脸、眉眼以下勾脸形似元宝的元宝脸、色彩与

---

① 张道一主编《中国民间美术辞典》，江苏美术出版社，2011，第553页。

构图复杂的碎脸、色彩与构图不对称的歪脸等，以夸张、美化、变形、象征等手法寓褒贬、分善恶，从而使观者对剧中人物特征一目了然。

纸扎戏曲人物对妆容程式化的运用，在头模范制与开脸中都清晰可见。按照生、旦、丑等不同角色制作模具，范制出的头模已初步显现出角色的特征，如武生的鼻型挺直威武，嘴型宽而厚实，旦角的鼻型匀称秀美，嘴型小巧可爱（图2-75）。在给不同角色开脸时，色彩基本沿袭戏曲脸谱，五官的勾画也都按照特定的规范（图2-76）。由于纸扎特殊的功用性，为了省工、省本，纸扎戏曲人物形象刻画并不像戏曲演员化妆那样细致，而是用写意的手法，寥寥几笔画出五官，细微的表情并不明显。如童男与童女的开脸一样，只是戴上冠便为童男，安上发式佩饰即为童女。

图2-75 不同角色纸扎人物的开脸

图2-76　红脸的戏曲脸谱与纸扎人物的开脸

2. 服饰的程式化

戏曲的服饰是将生活中的着装加以提炼、美化而形成的，对于表现角色的身份、个性十分重要。例如，皇帝、文官穿蟒袍，武将穿靠（铠甲），无官职的穿普通长袍。表示穷病角色，头上扎短巾，身围白色腰包；富病者，头上扎橙黄色绸巾，身系百褶腰包；若有心病，如相思病，则扎头、穿胖袄等。若剧中为丧事，人物不能穿大红大绿；若为喜事，则不能服白。戏曲道具也有一定的象征意义，如表现神仙为手持拂尘，表示神兵则拿云牌或执红旗，表示鬼兵则执黑旗，表示鬼魂则在左耳旁挂一缕白纸条，表示乘船则手持船桨，表示骑马则手持马鞭，等等。这些符号的意义为民众所熟知，观赏时便不会带来任何障碍，反而成为重要的提示。

戏曲表演中的服饰本就是空间造型的民间美术形式，在转换为纸扎艺术时更是水到渠成。纸扎艺人对程式化戏曲服饰十分精通，遵循"宁可穿破，不可穿错"的原则，严格按照戏曲表演的规定制作。虽然有时也会有灵活变通的处理手法，以特定情节和人物角色的感情为准绳，大胆取舍，画出更为简化的服饰纹样，但并不影响整体效果，依然能够使观者清楚辨析出是哪出戏中的人物。

3. 身段动作的程式化

身段动作，即演员的身体语言，是戏曲表演十分重要的方面。例如，旦角的身段，为杨柳腰（腰部细软如杨柳）、削肩（民间艺诀"美人无肩"）；武将则是挺胸凸肚（民间艺诀"文的胸，武的肚"），腰劲直，拉开双膀，肘屈如抱月。戏曲人物动作夸张，才使得人物格外生动。戏曲演员的一举一动、一招一式也都有相对固定的程式，基本功如翎子功、甩发功、髯口功、毯子功、水袖功、扇子功等，根据角色行当和规定情境的不同，各有一套程式化的动作。例如台步，表演中有云步、磋步、醉步、蝶步等不同程式；水袖，有左翻袖、右搭袖、高低双搭袖、双翻袖等，每个动作都有特定的含义。

由于纸扎戏曲人物位于高处，观众都是远距离观赏，所以艺人在制作时对细部表情并不做细致刻画，而是更加注重展示的大效果，依靠身段动作、衣帽饰物展现人物个性。纸扎戏曲人物也相当于在演戏，不能是呆板站立的形象，同样要表现出动势，望之如有生气。艺人充分利用纸材料可塑性强的特点，通过折叠工艺，以折带雕、雕折相间，再结合剪、刻、粘等工艺，表现出人物的站、坐、伸展等各种动势，打造一种静中寓动的效果。以旦角为例，腿部没有太多动作，手、袖表现动作比较多，所以说"画旦难画手，手是心和口"，旦角的心理活动大都通过手、袖表现出来。如一般的站姿为双袖遮手搭腰部，表现饮酒动作时则以袖遮口，表现害羞、偷看、探视远处或暗自思忖时将手放于嘴部半遮面，表示没有、发问或不解时将两手分别摊开等。例如，《西厢记》中的"定情"一幕的纸扎人物表现了莺莺见张生时的情景，莺莺为旦角，头微低，举一长袖半掩面，眼睛却瞟向张生，朱唇含笑，通过人物的动作再配合表情，让人联想到莺莺见张生时亦羞亦喜，欲看又不敢抬头的神情，表现出少女初恋时复杂的内心情感（图2-77）。再如《柜中缘》中的纸扎人物岳雷，虽然是武生，但因正在逃避官兵的追杀，所以没有用武生打扮，而是穿一般男子的袍服，不过站立时的身段依然塑造为武生站姿，即两脚成丁字步架势，显得根基甚稳，两臂张开，有一种拉弓的架势，以此表明其武生本色。丑角，大都灵活好动，不能塑造得太过板正。如《柜中缘》中徐翠萍的傻哥，便不能是正面站立，而是身子向左倾，头向左侧微偏，右手扬起马鞭，准备责打岳雷（图2-78）。这一动作将人物傻乎乎的个性鲜明地表现出来。

图2-77　《西厢记》纸扎人物（引自《山东曹县戏曲纸扎艺术》第39页）

图2-78　《柜中缘》中徐翠萍的傻哥

　　纸扎戏曲人物来自戏曲表演舞台但又不同于舞台表演。纸扎属于造型艺术，是无声的艺术、视觉的艺术，更能发挥人的想象力。而且纸扎大都并不制作背景（出于省工、省本的考虑），观者关注的焦点便全部集中到人物形象上，所以更加要求人物要出彩，也更能发挥观者的联想力。纸扎塑造的虽然是舞台形象，但不是简单照搬，而是一种艺术再创作。舞台上表演出来的戏曲人物形象本身已经是对生活的提炼、概括、加工，纸扎艺人在此基础上再度选择、提炼，人物造型往往比舞台形象更简练、更夸张，因此更可爱、更有生气。

鲁西南戏出纸扎作为丧葬习俗中造型艺术的典型形式，同时也为鲁西南地方戏曲的发展与流变提供了形象的佐证，是研究我国传统戏剧和民间美术难得的实物资料，具有重要的文化价值。

第三章　丧俗仪式语境中的纸扎及其功能 ≫

　　民间工艺与纯粹的艺术不同，其核心特征恰恰表现在它作为一种人文现象的存在和作为生活整体的过程，离不开特定情景、民俗活动和传用者的民艺，否则无异于无源之水、无本之木。"因为乡民艺术的展演活动，是离不开乡土社会的具体生活环境与整体文化模式的，所以乡民艺术的意义也就需要在这种生活中去解读。"[1]丧葬仪式作为生者为死者举行的送别仪式，寄寓了生者对死者的哀思与祝福、对鬼魂的敬畏与祈求等各种情感和心意；集中了与一个家庭有关的社会各阶层人士，尤其是家族、姻亲以及村落民众，成为社会关系的大展演（图3-1）；主流社会价值观、伦理观的执行与维持、灌输与强化也是在仪式过程中完成的。纸扎作为丧葬仪式中特定的象征符号，其形态和样式是伴随着特定的民俗活动而产生的，其社会功能与文化意义也是在动态的丧葬仪式情境中得以实现的。因此，透过丧葬仪式看纸扎，才能深刻理解其内涵，理解其艺术

---

　　① 刘铁梁：《村落生活与文化体系中的乡民艺术》，《民族艺术》2006年第1期，第39页。

图3-1 热闹的丧葬仪式

特色的深层成因，理解其在民众生活中所发挥的作用。

图3-2 烧送纸轿（王蕾拍摄）

鲁西南地区素有重礼的传统，对于丧葬礼仪尤为重视，从葬前丧仪到埋葬礼仪，再到葬后祭礼，主家都要隆重祭奠，供奉丰厚的供品，并烧送大量的纸扎。可以说，纸扎贯穿于丧、葬、祭整个丧葬礼仪过程。第一次烧送是在死者下葬前一天晚上的"送盘缠"仪式上，当地也称"送路"①，表示为即将西行的亡魂送上路费和交通工具，孝子孝女都要参加，凡是给报过丧的亲友也要拿着纸箔、冥币赶来，邻里宗亲也要来送烧纸。在传统送路仪式

① 现在仪式简化，送路大都合并至出殡当天，在起棺前举行。

中，焚烧的纸扎品必有轿子或轿车马（图3-2），现在大多已改为用塑料泡沫制作的汽车模型，作为所谓死者去往西天的交通工具，还要有童男童女、车夫、司机等侍者。第二次烧送是在出殡的时候，包括罩子、银行、摇钱树、金山银山、钱柜以及电视机、洗衣机、空调、桌椅、沙发、橱柜等纸扎品，表示为死者准备好在阴间生活的各种必需品。待仪式结束后，在坟头全部焚烧掉。此后，在七七、百日、周年祭等比较重要的祭日也会焚烧纸扎品。俗话说"五七三周年，不烧不周全"，死者亲属在"三七"和"五七"都要上坟祭奠，出嫁的女性回娘家参加祭礼时要送去摇钱树或金山银山等；百日祭礼时，若之前出殡时因仓促而没有置办罩子，可在此时补上。一周年、两周年忌日并不大办，只是自家人上坟烧纸。三周年忌日在鲁西南地区特别隆重，所用纸扎中必有主楼，即放置死者灵位的小供楼，其余纸扎根据出殡时的情况适当补充。若出殡时没有罩子，三周年必定补上；若出殡时有罩子，则大多扎一座四合院，其他如小汽车、轿车马、电动三轮车、银行、摇钱树以及各种家电、家具等都可以选择性扎制。除了生活资料类纸扎，富裕人家通常还会有牌坊、大楼子、大幡之类宣扬死者功德、彰显死者荣耀的纸扎。总的来说，若出殡时纸扎做得多，三周年的纸扎品类就可以少些；若出殡时纸扎不多，则三周年一定要大办。三周年仪式结束，意味着丧葬礼仪就此终结。但也有例外，有些人家因经济条件不许可或遇有特殊情况，在三周年时未能充分准备，可以大办十周年、三十周年祭仪，补送大量纸扎。在鲁西南地区，无论如何都要为逝者举行一次隆重的祭奠仪式，表示为逝者送去在阴间生活的各种必需品。

第一节　丧葬仪式个案中的纸扎

一、热丧仪式中的纸扎

热丧，即出殡，是将灵柩送至墓地埋葬的仪式，又称"送葬"。作为护送死者离开家庭、离开阳世、走向冥界的最后告别仪式，出殡是丧葬礼仪的高潮，最为隆重和繁复。但因政府对火葬政策的推行，鲁西南乡民在出殡时往往并不大操大办，纸扎也都使用常规物件。

下面以2013年9月17日（阴历八月十三日）曹县韩集镇沙岗村的一场出殡仪式为例，考察纸扎如何参与热丧仪式并发挥作用。这场仪式的主角是一位X姓男性，曾在镇上担任公职。他有两子两女，长子在镇政府部门工作，但不太孝顺且为人吝啬，次子因家庭纠纷伤人，正在服刑，因而仪式简单，主要依靠两个女儿操办。

1. 订制

9月13日（八月初九）老人去世当天，主家即向纸扎艺人张广寒订货，并预付100元订金。沙岗村距离张广寒所在的东大庄村大约四公里，属于艺人圈范围内。通常无论所订纸扎的价格是多少，一般会交一二百元订金，但也有许多不交订金的，因为他们与艺人都是乡亲关系，彼此熟悉，也没有出现过订货后又反悔不要的情况。

因仪式简省，所订纸扎数量并不多，只有罩子、小汽车、银行、楼人一对、钱箱、电视、桌椅，花费总计1260元（参见表3-1），相比死者的身份而言，略显寒酸。

表3-1　沙岗村X家出殡仪式纸扎

名称	功能	订购者	价格（元）
罩子	棺材外罩，也是死者的住所	儿子	400
银行	供给死者买路钱与阴间货币	女儿	500
钱箱	供给死者钱财	女儿	忽略不计
楼人一对（童男童女）	侍者	女儿	100
小汽车	升天的交通工具	女儿	200
电视、方桌、椅子	生活用品	女儿	60
招魂幡	引导亡灵升天	儿子	忽略不计

按照当地习俗，罩子、小汽车应由儿子负责订购，但死者长子为人吝啬，只出资置办了罩子，其余纸扎全部由女儿出资置办。艺人接单后立即加班加点赶制，赶在9月17日出殡^①的前一天晚上完工。

2. 使用与展示

9月17日早上7点，艺人张广寒用专门制作的车子将纸扎送货上门。过去纸扎艺人不送货，都是由给主家帮忙的到艺人家抬走，需要的人手比较多，一个罩子就需要六七个人抬。因现在村民大都外出打工，仪式中帮忙的少了，没那么多人来抬纸扎，所以为避免失去客源，艺人改为主动送货上门。因乡间道路狭窄，纸扎体量高大，易被剐蹭而破损，一般的车辆不易运输。张广寒自制3米宽的铁架子，用电动三轮车装运，送到主家，并指挥帮忙的把罩子插接好、用刀子将小汽车的车门划开，然后即刻返回。

纸扎的摆放都有特定的位置，童男童女摆在灵堂的棺材两边，罩子、银行、桌椅在大门斜对面路边的位置一字排开，小汽车放得最远，在路口处，以备单独焚烧。

出殡当天的仪式最为复杂，主要包括亲朋吊唁、家祭、送路、发引、摔老盆、路祭、下葬、行辞墓礼、安主礼、答谢宴、谢客等。但该家仪式办得简单，没有请鼓乐班，也未见做宴客的准备，所谓的灵棚只是在院落里拉起一块黑布，底下摆一张供桌。因仪式简单，又适逢秋收农忙时期，村民很少有围观的，整个过程冷冷清清，只有个别抱着孩子的妇女过来看热闹，还有几个四五岁的孩子好奇地观看罩子、银行等纸扎。帮忙的也不上心，罩子被风刮倒，最初并没有人注意；待扶起时，上面两节掉落下来，也没有再搬上去。

9点50分，两个老年妇女带领四位孝女，拿着一把香，在纸扎上的每个人物，包括罩子上的门神与戏曲人物、小汽车司机、银行守卫的脸部晃动几

---

① 在鲁西南地区，出殡的日期从人死之日算起，一般为三日出殡，也有五日、七日出殡的；死后第二日不能下葬，当地俗谚"埋一不埋二，埋二犯重丧"。

圈，以示开光（图3-3）。[①]开光源自宗教仪式，民间丧葬仪式上的开光主要是为纸扎人物赋予"灵气"，方能"有神""显灵"。在民间观念中，开光之前的这类纸扎只是单纯的手工艺品，不能供逝者使用，只有开光后才能"活起来"，而且开光还被赋予驱除邪祟、趋吉避凶的功能。稍后，两个老年妇女拿着用于开光的那把香，在小汽车和罩子前拜一拜，烧了几个纸元宝，并在每件纸扎（包括桌椅、电视）前堆起小土堆，插上三炷香。同时，给屋里的童男童女和外面的小汽车司机在脖子上各挂了一个馒头。

图3-3　开光

10点10分，宾客祭奠礼开始，在执事的主持、引导下，宾客分组在灵棚处行礼。虽然葬礼简化，但行礼过程依然复杂，每人的动作、扮演的角色都不能出错。宾客行礼结束时已11点多，随即准备发丧。帮忙的用剪子将罩子底部骨

---

① 在鲁西南地区，人像、神像及牛、马等生物纸扎在焚烧前都要进行"开光"，开光的方式不一，有的是用红笔在人物五官部位描画几笔，有的是用香点划两下，并用镜子照一照，有的是用针在人物的七窍处扎孔。

架剪开以备用。11点20分，棺材绑好后，孝子孝女到灵棚处"送路"。孝子孝女分为两组，依序在供桌前跪拜祭奠。礼毕，来至小汽车前，围着绕三圈后折返。随后，帮忙的将小汽车点燃，火势很旺，冒出浓浓黑烟，烧了足有四分钟时间（图3-4）。烧时，将老人的一件棉衣搭在车上一同烧掉。出殡时要将死者的衣服烧掉大半，但不能全部烧光，至少要留一件，在三周年时烧完。稍后，帮忙的又将装满纸元宝的钱箱也在路口焚烧掉，意为给死者送去上路的盘缠。

图3-4　烧送纸扎小汽车

送路后起灵，帮忙的将棺材抬出门外，在灵棚处停下，然后抬起罩子，罩在棺材上面，送葬队伍随即出发。因没有鼓乐班，发丧时便用录音机播放哀乐。纸扎由帮忙的拿着，走在最前面，后面是孝子手执引魂幡[①]走在棺材前

---

　　① 引魂幡，也称招魂幡，顶端为三角形，下垂白色长带，带上剪刻出镂空的花纹，底部两边各加一条细带。用长竿挑起，出殡时孝子手持，待棺木入土填埋后，插在坟头。只要看到坟头飘着引魂幡，便知是新坟。

面，意为引导死者的灵魂升天，其余孝子孝女簇拥着棺材走在最后。

3. 烧送

因女性不能上坟地，所以出殡队伍走到村口时，女眷全部停下。笔者也只得遵从习俗，跟随女眷留下，未能看到墓祭与纸扎烧送过程。女眷稍作停留后，转身返回；大约半个小时后，上坟的男性也返回。

总的来看，整个出殡仪式让人感觉仓促、简单，仪式中的纸扎虽然完成了其实用功能，但由于出殡仪式的简化，缺少了围观者，纸扎的审美功能被大大削弱。

二、冷丧仪式中的纸扎

冷丧，即过三周年，在鲁西南丧葬礼俗中过得极为隆重，这种特殊的丧葬习俗使纸扎工艺品颇具地方特色。由于人去世的突发性，出殡时往往来不及精心准备各种供品，所以出殡时往往比较简单，而三周年祭仪早已有定期，可以提前准备，不像出殡那么仓促，而且事情过去良久，不会再有人追究土葬之事，所以主家往往提前定做大量纸扎，不仅品类繁多，制作也更加精美。

三周年仪式与出殡既有相同之处又有不同，基本流程相似，但出殡是忧，孝子孝女悲伤至无法自持，三周年则是半喜半忧，孝子孝女哭得不是那么伤心，氛围上比出殡时轻松许多。热丧与冷丧仪式中使用的纸扎，形成互补关系。一般出殡必扎罩子，若当时未来得及扎制，则要在百天或三周年时补上；若出殡时有罩子，则三周年可扎一座四合院。若出殡时纸扎不多，则三周年必定大办；若出殡时纸扎多，三周年可酌情减量。如在曹县韩集镇东大庄村2014年正月十二的一场三周年仪式上，因出殡时各类纸扎均已做齐，所以三周年时纸扎品可少做甚至不做大件。但因正赶上过年，若纸扎少了会显得冷清，所以由这家的女儿、孙女定做了银行、轿车、电视、桌椅。这充分体现出民众在遵守礼仪规范的前提下，又可根据自家情况进行灵活安排。

笔者通过曹县两个村庄举行的冷丧仪式对仪式中的纸扎进行了考察。

（一）曹县韩集镇西大庄村的冷丧仪式

西大庄村与东大庄村仅隔着一条马路，原本两个村属于一个村，名为张大庄，20世纪40年代一分为二。西大庄村人口1300多人，村民以农业种植小麦、玉米为主业，另有从事木材加工业及大量外出打工者。2013年9月24日（阴历八月二十）西大庄村举办了姚老太的三周年仪式，仪式相对来说比较简单。

1. 订制

姚老太86岁去世，仅有一子及三个孙子、一个孙女。家庭经济条件中等偏下，因此仪式较为简单。纸扎是提前半个月向东大庄村纸扎艺人张广寒订制的，包括罩子、大楼子、银行、摇钱树、楼人、主楼、小汽车、桌椅等，在当地属于普通规模（图3-5）。因出殡时没有用罩子，所以这次补上。

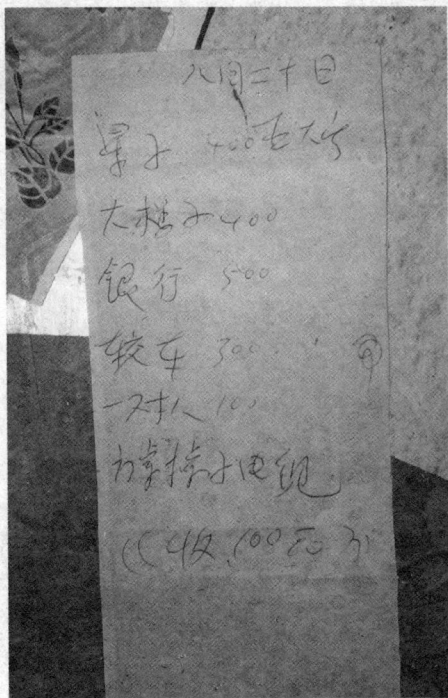

图3-5　纸扎订单

2.使用与展示

张广寒与堂兄张广社于仪式当天早上7点多将纸扎送到主家，由帮忙的把纸扎放在特定的位置。纸扎分为两组，一组放在门前附近，楼人一左一右放在供桌两边，两棵摇钱树也左右摆放，桌椅放在摇钱树旁边，银行放在斜对大门的地方（图3-6）；另一组纸扎放在较远的路边，皆在路北，依次为大楼子、罩子、小汽车，小汽车放置在最远的地方（图3-7、图3-8）。张广寒指

图3-6 门前一组纸扎放置的位置（陈昊拍摄）

图3-7 路边较远位置的一组纸扎

图3-8 纸扎对面的鼓乐班

挥帮忙的将罩子、大楼子组装起来，绑在树上，以防被大风刮倒；大楼子与罩子上的戏曲人物也用绳子一个个连缀固定，以免晃动时倒下（图3-9）。安置好纸扎后，艺人还不能走，等待参加后面的上旌仪式。

8点整，执事将写有"张府姚氏之灵位"的黄表纸贴到主楼内，主家以孝子为首的队伍去坟地请灵，即表示迎接亡灵回家。鼓乐班在前吹奏引导，两个帮忙的抬着主楼，后面跟着孝子孝女（图3-10）。到达墓地后，行

图3-9 用绳子固定大楼子顶端的纸扎人物

图3-10 抬着主楼去坟地请灵（陈昊拍摄）

请灵礼，孝子孝女在坟上烧纸，叩四个头，意为将亡灵接引到主楼上，请回家（图3-11）。8点半，请灵队伍回到灵棚①前，把主楼安放在灵棚内的供桌上，主楼旁边还摆上一个塑料小牌位，尚未填写称谓、生卒年月（图3-12）。孝子孝女一起跪拜，叩四个头，孙女痛哭。

图3-11　行请灵礼（陈昊拍摄）

图3-12　摆好供品的主楼

---

① 姚老太的灵棚设于其老宅门前街道正中间，上面拉一块大帆布，下面设一张供桌，桌上摆放五个馒头、五碗菜、五样水果等供品，桌后挂一张苇席。

8点45分，上旌仪式开始。帮忙的事先将一张供桌摆到大楼子前面，俗称"米面桌"，桌上摆着四盘倒扣出的米面，包括两盘白面、两盘小米，民间俗称"酒肉的朋友，米面的夫妻"，以米面象征夫妻家常生活（图3-13）。孝子孝女前后排成一列纵队，跪在大楼子前面。纸扎艺人此时被称为"大永师"，与执事将"旌"贴到大楼子门内正中位置（图3-14）。旌类似牌位，为写有死者名讳、享年的红纸条，旌上称谓男女不同，男称"处士"，女称

图3-13 米面桌

图3-14 上旌仪式

"孺人",姚老太的上面写着"待诰孺人张府姚氏享年八十六春秋之位"（图
3-15）。贴完后，执事念诵《上楼旌》："上旌已毕，孝男孝女就位，老先生
入位坐楼阁，前面摆上米面桌，八仙上神两边站，孝男孝女把头磕。"执事
面向鼓乐手喊"奏乐"，指挥着孝男孝女"一叩首，再叩首，三叩首，四叩
首"。孝男孝女随口令行礼，"礼毕，孝男孝女悲哀回府守灵"。最后，纸扎
艺人与执事揖拜谢礼。之后，张广寒将小汽车的车窗割开，以备后面开光。
（图3-16）

图3-15　贴旌

图3-16　纸扎艺人割开小汽车车窗

9点，纸扎艺人、戏班乐手及所有帮忙的人吃早饭，共4桌。同时，死者的孙女在一名中年妇女的带领下，到小汽车前面进行"开光"，先拿香在纸扎人物脸前比画两下，又拿镜子照了照。接着给所有纸扎中的人物，包括小汽车司机、童男童女、银行守卫等，在脖子上都挂了一个馒头，并给金童玉女分别贴上一张写有各自名字的小红纸条（图3-17、图3-18）。

图3-17　挂着馒头的金童

115

图3-18　挂着馒头的银行守卫

　　10点，客人到来，准备开始祭奠。孝子们就位，行安神礼，跪拜，分别献香、献酒、献纸三次，再跪拜、哀悼。[①]在行礼过程中，礼乐配合，行礼而乐起，跪献而乐止。安神礼毕，孝子们跪于供桌两侧，准备迎客吊唁；孝女们跪坐于供桌后面，准备接待来祭奠的女性宾客。10点34分，第一批来宾开始行礼。宾客先登记随礼[②]（图3-19），再上前行礼，根据亲疏远近，行九拜礼、十三拜礼。在整个过程中，孝子始终俯首默哀，礼毕，低声呼喊，叩首谢礼。女性宾客不行礼，直接哭着到供桌后面，由孝女接待。整个宾客行礼祭奠过程中，也有看热闹的，但正赶上农忙，

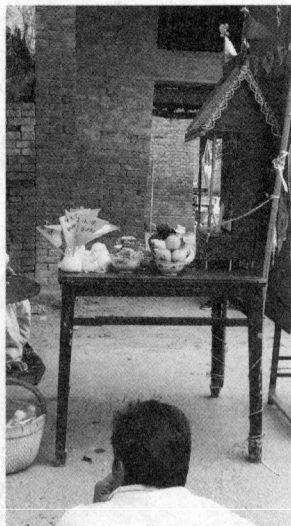

图3-19　随礼多的宾客被单独写名插于供品上

---

　　① 参见杨帆：《"慎终追远"的背后：鲁西南"过三年"丧葬仪式的文化解读》，《文化遗产》2011年第4期，第124页。

　　② 随礼分烧纸、礼金、酒水、供品四类，根据礼物多少可区分与死者关系的亲疏远近。对于重礼，主家根据情况一般按照"留六回四"的原则回礼。

而且这些纸扎也属常规物件，并无特别出彩的大件，所以围观看热闹的较少，纸扎基本就孤零零地摆在街上，只有个别乡民上前观赏。

3. 烧送

11点50分，所有客人行礼完毕，仪式节奏骤然加快。帮忙的将罩子底部的秫秸剪断，以便能罩到坟头上。孝子孝女在鼓乐班的吹奏声中"送路"，两名孝子抬着一把扶手椅走在最前面，其余孝眷跟随其后，围着小汽车绕三圈，以示与死者告别。随即，帮忙的用铁锨将小汽车敲破，点火焚烧，同时还烧了死者的最后一件衣服（图3-20）。衣服代表死者的灵魂，一块被烧送，意味着送逝者乘车归天。给死者过三周年时，要把死者的东西全部烧完。送路的同时，执事招呼孩子们将纸扎送去坟地。当地流行让孩子们运送纸扎，事后会给每个孩子一二元钱作为酬劳，所以孩子们都十分乐意做这种事（图3-21）。

图3-20　烧送小汽车时冒出浓浓黑烟

图3-21　孩子们拿着纸扎送往坟地

12点10分，孝子孝女列队出发"上林"。依旧是鼓乐班吹奏着做先导，帮忙的抬着主楼送至墓地（图3-22）。队伍到达坟头后，孝眷简单行礼祭奠，象征性地哭了几声。帮忙的将罩子放在坟头上罩一下，然后放回纸扎堆，点

图3-22　被送到坟地的纸扎（陈昊拍摄）

火将所有纸扎烧掉（图3-23）。孝子孝女注视火堆片刻，未待彻底燃尽即回返。对于纸扎的烧送，烧是手段，送是目的，民间认为通过烧的方式就能把这些物品送给死者。按照传统观念，纸扎必须全部烧为灰烬才算完整地送给死者，所以烧时要认真看管，不能有所缺损或遗漏，更不能没有烧尽。但现在已不那么严格，帮忙的并未坚持到全部烧完，也未检查灰烬即撤走。

图3-23　在坟地烧送纸扎（陈昊拍摄）

从坟地返回后，孝子孝女行安主礼①、谢安桌②、宴席待客③，15点左右宾客散席，三周年仪式正式结束。

仪式是由时间、空间、人物、事件等要素构成的特定语境，具体的情境不同，纸扎在其中发挥的作用也有差别。就时间而言，农闲、过年期间仪式

---

① 孝子孝女叩四个头，宾客中只有近亲叩头，女婿、娘家兄弟、娘家侄也都是叩四个头。把之前放在主楼前面的小塑料牌位放到堂屋供桌上供奉。

② 孝子端酒杯，叩头，谢三回。白毡换成红毡，孝子"脱白"，即除下孝服。孝服是西大庄村公用的，故用完后放回祠堂。

③ 13点左右开始待客。男宾女宾分桌开席，鼓乐班演奏一些欢快的曲目。主家预备了13桌，说明来的客人也不多。一般村里三周年丧礼宴席为二三十桌。娘家人多，客就多。这家娘家人不多。宴席一个多小时就结束了。

比较热闹，农忙时期就比较冷清；就经济条件来说，家境富裕的仪式往往办得比较热闹，家境贫寒的仪式往往比较冷清。仪式的隆重程度不同，影响到围观者数量的多少，纸扎在仪式中发挥的作用也不同。简化的仪式，虽未影响到纸扎的实用功能，但审美功能的发挥受到一定限制。

（二）曹县楼庄乡东谢集村的冷丧仪式

与西大庄村的这场三周年仪式的冷清相对，东谢集村的一场年节期间的三周年仪式十分热闹，纸扎在仪式中发挥的功能更为明显。

东谢集村是黄河冲积平原上的一个普通村落，当地俗称"新谢集"。1958年为治理黄河水患，原村址需修建水库，故村民集体向东迁徙，形成新村。水库修成后只使用过一次就被弃用，后来有些村民迁回原村址，因而形成老谢集和新谢集两个村子。东谢集村人口约5000人，在当地属于大村。村民以农业种植小麦、玉米为主业，另有从事木材加工业及大量外出打工者。2014年2月11日（正月十二），村中举行了谢家老太的三周年仪式。[①]谢家老太早年丧夫，只有一个遗腹子，由老太一人拉扯养大。儿子长大后做了中医，生有三子三女，其中一子继承父业，成为村里的医生，其余子女生活条件也比较富裕，所以仪式较为隆重。主家请了两个鼓乐班对棚表演，厨师预备待客五六十桌，这样的排场在当地属于规模较大的。因主家是村医，人脉广，加上过年期间村民空闲时间比较多，外出打工的尚未出门，所以帮忙的特别多，约有五六十人。谢家老太的三周年仪式，因老人住所和门外街道狭窄，不方便客人行礼，所以决定在坟上等客祭奠，程序上与常规仪式有些不同，主要包括请灵、安神礼、上林、行奠、烧轿、安主礼、宴客等几个步骤。围绕着纸扎的仪式活动，主要分为三个阶段。

1. 订制

主家提前半个月向纸扎艺人张玉周订货。东谢集村距离艺人所在的王堂村约五公里路程。因主家经济条件较好，所以订购的纸扎品类颇为齐全，有

---

① 谢家老太的三周年祭仪比实际日期提前了近半年，因现在村民大都外出打工，故趁过年时大家尚未出行，提前举行了祭仪，亲友就无须再为此专程跑一趟。

常规的罩子、四合院、主楼、银行、摇钱树、金山银山、电视机、洗衣机，以及小汽车和轿车马两种交通工具，还有近年来少见的金银幡，总计3000多元的纸扎活（参见表3-2），在当地属于花费比较多的。①

表3-2　东谢集村谢家老太三周年仪式纸扎

名称	功能	订购者	价格（元）
罩子	棺材外罩，也是死者的住所	儿子	400
金银幡	为死者积德招福	儿子	1000
四合院	死者的住所	儿子	300
主楼	祭奠	孙女	100
轿车马	升天的交通工具	孙女	350
小汽车	升天的交通工具	儿子	180
银行	供给死者钱财	儿子	350
摇钱树（2棵）	供给死者钱财	重孙女	100
金山银山	供给死者钱财	孙女	100
一对人（童男童女）	侍者	儿子	忽略不计②
电视机	生活用品	孙女	80
洗衣机	生活用品	孙女	70
花圈	祭奠	重孙女	60

　　从表中可以看出，纸扎的订制分工是十分明确的。按照当地习俗，罩子、四合院、小汽车应由儿子订购，轿车马、银行、摇钱树等则由女儿负责置办。因谢家老太没有女儿，所以由孙女代替。虽然各人负责的纸扎品类不

----

　　① 在鲁西南地区，花费三四千元订制纸扎，就算花费较多的，例如2014年1月15日（腊月十五）东大庄村的一场三周年仪式，死者为男性，九十多岁去世，有两个儿子两个女儿、五个孙子五个孙女，子孙大多是政府公职人员、私营业主、高级工程师，家庭条件比较好，而且也孝顺，因而订制了4000元的纸扎：牌坊1500元、马拉轿车400元、银行600元、四合院（包括罩子）1200元、一棵摇钱树100元、一对楼人100元、主楼50元、电视50元。

　　② 传统的童男童女一般扎糊而成，现在先用机器压塑出正反两面的塑料片，再将其扣合后用订书机装订，价格便宜，每个1元钱，故大都忽略不计。

同，但一般不是各自单独订货，而是女儿（孙女）将自己负责的纸扎费用交给兄弟（父亲），共同在一家纸扎艺人处订货。艺人接单后会排期制作，至晚要赶在仪式前一天晚上完工。

2. 使用与展示

仪式当天早上7点钟，给主家帮忙的来到纸扎艺人家，将纸扎运走。因纸扎数量较多，动用了五辆农用三轮车。这时，纸扎就要被分开运送了，由儿子订制的被运回主家，由孙女订制的被拉回孙女自己家，留待上门祭拜时再送去。纸扎被运到主家后，根据功能不同，摆放的位置也不同。大幡放在主路口显眼的地方，以便村民和宾客都能清楚看到；棺罩、四合院、银行等放在院外大路上展示，小汽车单独放在较远的路边；童男童女放在灵棚供桌两边，因被当作老人的侍者，所以要贴身守候。

纸扎艺人跟随纸扎一同到达主家，指挥帮忙的将纸扎放置稳妥，主要是将罩子插接起来①，并加以固定，以免被风刮倒。分为四节的大幡在组装时遇到了麻烦。过去村内有许多大树，可以将大幡挂在树上拉起来，现在树都已被砍伐，需要用单独的支架支撑，并用吊车才能吊挂起来。帮忙的只找来几根钢管，但竖不起来，高度也不够，最终四节幡身也未能成功组装（图3-24）。纸扎艺人也毫无办法，只得喝汤②后遗憾离去。

图3-24　未能组合起来的大幡

① 罩子长2.5米，高4米，所以制作时分为罩身、二节、罩顶三部分，分别扎制，送时也是分开的，到达目的地后再插接组装。大幡也是如此，总高12米，分为四节，需要挑挂组装。

② 即吃早饭，帮忙的每人一碗炖菜，馒头随意吃。

　　纸扎一旦送到，看热闹的就来了兴趣，关注的焦点主要集中于大幡和罩子，因为这是最精美、最出彩的大件，尤其是上面的纸扎戏曲人物，是考评纸扎艺人技艺水平的主要参照物。围绕着纸扎戏曲人物，有的村民在研究演的是哪出戏，有的在评论艺人开脸的好坏，有的在感叹现在的纸扎比老辈子简化太多。孩子们则好奇心更强，觉得每一件纸扎都有意思，时不时上前摸一下。当竖幡遇到麻烦时，围观者更是议论纷纷，有的说"他家花这么多钱做的，肯定要竖起来亮亮"，有的说"肯定竖不起来了，白花那么多钱啦"，有表示惋惜的，也有幸灾乐祸的。

　　8点多钟，主家女眷跟随一位长者为纸扎开光，即长者持毛笔蘸取红色颜料，在纸扎上每一个人物的眼角、嘴角、手等部位点画几笔。所有人物，不论是扎制的还是塑料的，也无论是印刷的还是画上去的，全部一一开光，不能有所遗漏。自开光后至去坟地之前，在两个多小时的时间里，纸扎就静静地摆放在路边，烘托着仪式气氛，也接受着看热闹者的评点。

　　仪式在10点钟迎来第一个高潮——"接桌子"，即迎接前来祭拜的孙女婿们。孙女婿是仅次于娘家人的重要客人，祭拜时带着成桌的供品，故称接桌子。随着孙女婿们的到来，第二批纸扎也正式亮相，包括轿车马、楼、摇钱树、金山银山、电视机、洗衣机，由一辆货车运至村口（图3-25）。孙女婿

图3-25　随宾客而来的第二批纸扎

们带来的一桌供品为整鸡、整鱼、大块肉、菠萝、香蕉，皆为两份，整鸡摆在最前面，旁边放着两摞百元人民币，每摞约有五千元。[①]供桌由专人抬着，孙女婿们分别站在左右两边，由鼓乐班吹吹打打接引到主家。[②]原本纸扎也应被抬着跟在队伍后面，但因为是到坟上谢客，所以没有卸下车，停在路口等待。

10点20分，接桌子的队伍到达主家门口，孝眷们立即出发去往坟地。帮忙的抬着孝子置办的纸扎先行赶到坟地，鼓乐班在前面吹奏，后面是四人前后抬着的供桌，孝子站在供桌旁边，其他男性孝眷跟在供桌后面，孝女们排在最后，队伍缓缓走向坟地。帮忙的早已在坟头上面搭起了一座灵棚，刚运送到的纸扎就集中摆放在灵棚的西北方向（坟墓坐东朝西安置），全部堆放在一起，已经不讲究什么摆放位置了。孝子孝女到达坟头后，先行礼，然后各归其位，孝子在灵棚内供桌两边跪坐，孝女在坟头北侧坐下，等客祭奠。客人陆续到达，按亲疏关系自行组队行礼。[③]

行礼进行到后半段，孙女婿、重孙女婿、娘家人这些比较重要的客人先后来到，带着供品准备行礼。应孙女家的要求，主家要接两次桌子，即在坟地再接一次。所以孙女婿们到达后，并未直接上前，而是在一里开外的地方等着，待主家派鼓乐班到面前迎接时（同时，坟前的行礼继续进行，另一个鼓乐班留在坟前为行礼的客人奏乐），孙女婿才带着供品前行，程序与在村里接桌子相同。他们带来的纸扎由帮忙的抬着，跟在队伍后面慢慢前进。队伍行至坟头，供品被放置在坟前，带来的纸扎被抬到先前运到的纸扎旁边。孙女婿等上前祭奠，行十三拜礼，孙女等女眷被迎至坟头北侧的女眷处痛哭祭奠。祭毕，孝女给新运来的纸扎中的马和马车夫开光，在马眼、耳、嘴、蹄以及马车夫脸上用红笔点染数下。对于重孙女婿们，只在坟地接一次桌子，

---

① 过去祭品数量多，大件的鸡、鱼、肉要拿十份，需摆三五桌，现在仅摆一两桌，主要是拿钱。

② 接桌子的路程虽短，但持续时间长，鼓乐班走在前面，采取行进演奏方式，在看热闹的起哄下，走两三步就需停下，转身冲孙女婿们吹奏上一段，他们每人就要掏出20元钱放在供桌上，鼓乐班再转身前行，仅仅五百米左右的路程停了数十次。村民都挤上前看热闹，也使气氛达到高潮。

③ 鲁西南的祭奠礼十分繁杂，包括九拜、十二拜、十三拜、二十四拜。一般客人行九拜礼、十二拜礼，关系较为亲近的客人行十三拜礼、二十四拜礼。

他们也是带了一桌供品，品类和数量与孙女婿的相同，只是供桌上整鸡的嘴里叼着扇形排列的百元人民币，数目比孙女婿的要少，大约两三千元，所带纸扎也只有两棵摇钱树和花圈。最后是接娘家人的桌子，来客只带了供品，没有纸扎，也是由鼓乐班吹奏着迎接到坟头，孝子们全部走出灵棚迎接。娘家人行礼后，已是12点5分，祭奠礼接近尾声。客人行完礼，先后回到村里，坐在街道两边的酒桌旁，等待开席。有的客人会在坟地多留一会儿，闲时也会再观赏一下纸扎。

在行礼过程中，因风大，有的纸扎被吹倒、刮破，但没有人介意，也没有人管理，纸扎就静静地躺在雪地上，仿佛看着仪式中众人的"表演"，也接受着众人对它的品评。同样作为仪式的参与者，纸扎的"静"与鼓乐班的"闹"形成鲜明对比，而纸扎又以其绚丽多彩的"形""色"与鼓乐班热烈喧闹的"音"共同营造了仪式氛围。

3. 烧送

至12点18分，所有客人行礼完毕，纸扎的展示也就此结束。执事指挥着帮忙的迅速拆掉灵棚，供桌连同供品都被搬到车上拉走，鼓乐班也收拾东西，带领孝子孝女回村。帮忙的先将罩子搬到死者坟头上罩了一下，然后将

图3-26 帮忙的把所有纸扎堆放在一起

图3-27 焚烧纸扎

其余纸扎全部堆到坟上（图3-26），点起火来，因为主要材料是秫秸、纸张和塑料，所以燃烧速度很快（图3-27）。在燃烧过程中，塑料制品燃烧速度最快，迅速冒出一股浓浓的黑烟，稍后是秫秸和纸张燃烧时冒出的青烟，持

图3-28 纸扎化为灰烬

续时间稍长。四五分钟后，所有纸扎化为灰烬（图3-28）。至此，纸扎品完成了使命，死者家属、亲友也得到了告慰。对于纸扎必须燃尽的习俗规定，在此也被忽略。谢家老太的纸扎在坟上摆放时被风吹落的一些纸条，也无人捡拾起来一同烧掉，帮忙的在纸扎还冒着熊熊烈焰时就匆匆离去，似乎并不关心是否全部化为了灰烬。

纸扎作为鲁西南丧葬礼仪中一种常见的丧俗艺术，贯穿于整个仪式过程。纸扎的复功用性，在具体的仪式情境中表现的程度是不一样的。纸扎的置办，一般是根据自家经济情况量力而为，但罩子、银行、小汽车、童男童女等必须置办，确保纸扎的实用功能得以实现。现在随着生活水平的普遍提高，乡民手头比较宽裕，都想办得风光一些，纸扎也越来越气派，增强了纸扎的审美功能。但是，纸扎审美功能的实现，除了取决于纸扎本身是否出彩，还关系到乡民的生产生活状态。若正赶上农忙，仪式往往举办得简单，围观者少，审美功能也就无法得到充分发挥；若适逢年节，仪式隆重，围观者多，则审美功能就可以得到充分发挥。

第二节　鲁西南丧葬纸扎的功能

象征（symbol，又译作"符号"），指用具体的事物表示某种特殊的意义，是人类重要的表达方式。兴起于20世纪60年代的象征人类学，在对结构主义进行反思的基础上，提出将文化视作一套由象征与意义构成的象征体系，关注文化的意义。他们认为，文化不是封闭在人的头脑中的东西，而是通过象征手段来表达的意义系统，人们对于其周遭环境以及社会其他成员的行为、言语的理解和解释，会在社会成员中间构成一个共享的文化意义系统。克利福德·格尔兹认为，象征是意义的"浓缩形式"或多种意义的联想，文化是社会行动者利用象征符号为自己制造的意义和组织的逻辑，强调从被研究者、"文化持有者内部视角"，对地方性的文化符号尽力理解并作深度解释和描绘，揭示象征如何影响社会行为者的世界观、精神与感知，从个别概念出发，探知文化的逻辑。维克多·特纳侧重于从仪式的象征解释中去把握特定社会秩序的再生，关注仪式的结构与功能，并提出象征符号不仅是意义的载体，而且直接参与或促成社会行动。

纸扎作为丧葬仪式中的象征符号，具有自然物质特性，并通过具体的物理形式加以呈现；同时，纸扎作为象征物所表达的意义，表现出社会固有的道德规范、价值观念与思想情感，并构建与整合着多重社会关系，发挥着审美、娱乐、教化等多种功用。

一、满足生者情感表达的需求

生离死别是人生大事，尤其是亲人的离世，带来阴阳相隔、永久别离，给人造成生理和心理上的巨大痛苦。死亡是不可逆转的过程，面对死亡，人们求生的意愿严重受阻，没有丝毫实现的可能。这种挫折和恐惧，使人感到紧张、失意、沮丧、烦乱，造成心理失衡，需要一种方式来舒缓或解除紧张，重新获得心理平衡。俄罗斯宗教学家克雷维列夫在论证宗教观念的产生时说："只有在人的心目中悬挂着某些目的而又无法达到时，才会造成神经上和心理上的紧张状态，才能使人的现实感丧失无遗，使实践活动徒劳无功，使人不受天地的拘束去作非非之想，直至出现宗教幻影。"[①]人们苦于自身生命的短暂和有限，不愿意相信死亡是生命彻底的终结，便幻想灵魂能够脱离肉体获得永生，并想象出一个灵魂生活的世界——阴间，以实现追求永恒与无限的梦想，补偿和改善现实世界。正是凭借这种意念——认为想象中的世界是真实的，人们才不至于在严峻、压抑的现实面前陷入意志消沉、悲观绝望的状态，而总能保持一种积极的态度，能动地处理和调节各种人生现实矛盾，坚强面对生活中的各种苦难。

纸扎即是由人们对于灵魂与灵魂不灭的幻想所产生的象征符号，生者借此表达对死者的哀悼之情、怀念之情、祝福之情，也是通过这种方式，减缓

---

① ［苏］约·阿·克雷维列夫：《宗教史》上卷，中国社会科学出版社，1984，第12页。

自身面对死亡时的伤感和无能为力感，调整心理的不平衡状态，消解恐惧、焦虑、悲伤等消极情绪。纸扎作为一次性用品，费时费工制成后却要在瞬间燃烧殆尽，为什么还要扎制得极其精美？原因就在于纸扎不仅是工艺品，更是人们寄托情感、表达心愿的民俗用品。一方面，美好的事物具有能让心灵获得救赎与释放的力量，纸扎高大的造型、流畅的线条、艳丽的色彩带给人美的享受，使人暂时忘记一些悲伤，减缓一些压力。另一方面，人们认为既然无法挽留亲人的生命，便希望他们能够在另一个世界生活得幸福。当各种各样的纸扎被大火吞噬、化作青烟升入天际时，死者家属目睹整个过程，得到一种强烈的心理暗示——已经尽心为死者安排好未来生活的一切，他们也由此获得心理上的满足和安慰，悲伤情绪也得以稍稍缓解。可见，纸扎作为生者向死者抒发情感的一种媒介、符号，寄托着民众的信仰观念，满足了民众情感宣泄与表达的需要，发挥着心理疏导的作用。

二、构建并整合多重社会关系

在整个丧葬仪式过程中，纸扎作为无言的参与者，静静地履行其功能，并最终通过被焚化而完成使命。这些看似无言的造物，却在丧葬仪式活动中传情达意，展现并整合着死者与生者、血亲与姻亲、村民与孝眷及纸扎艺人之间的多重社会关系。

1. 重构死者与生者的关系

丧葬礼仪作为一种"过渡仪式"，对于死者而言，是确认其完成由一个群体过渡到另一个群体、由一种状态过渡到另一种状态的过程。一个人的死亡意味着其身份的转换并永远脱离了原有的社会关系网络，面对这种变化，生者需要随之调整各自的位置与角色，重新建构与死者的关系。这种关系重构的基点在于乡民的生死观及孝道亲情观念，因此，一方面原有的亲属关系须要加以延续，另一方面由于人鬼的不同又要进行分离。

乡民传统观念中对于死亡的认知，核心即为二元论的灵魂不灭，认为人死后肉体变为"尸"，精神演变成"魂"与"魄"，魄附于尸而归于土，魂则归于渺渺天堂或冥冥地狱，所以人死后便成了鬼，鬼即"归"也。死亡只是人在阳间生活的终结，转而将踏上新的旅程，开始在另一个世界的新生活，因而人们对待死的态度较为坦然、豁达。既然死如同"归"，那么一应衣食住行也要一如往昔，即所谓的"事死如事生"。中国人的情感表达方式不是抽象的，多用具体的物来表达。所以在民间传统的孝道观念中，衡量"孝"的标准主要是外显的物质方面，即能否满足老人的物质需求，让老人过上衣食无忧的富足生活；对老人死后的尽孝也主要是通过物表达心意，纸扎也因此成为生者为死者创造良好生活条件的首选。

鲁西南民众深受儒家思想的浸染，孝道观念更加深入人心，死者家属不惜耗费钱财大办丧事，纸扎也置办得十分齐全，以表达孝道亲情。富裕人家往往扎制十几件甚至几十件纸扎，希望死者能够继续享受生前的富足生活；对于贫寒人家来说，正所谓"民贫鬼富"，出于一种补偿心理，希望让死者过上生前未曾享受过的美好生活，故也都不吝惜花费，尽力置办，尤其是棺罩、四合院、银行、大楼子等大件必定要有。从前文例举的三场仪式个案中的纸扎品类可以看出，生者为死者准备的纸扎十分齐全，既有对生活实物的模拟扎制，例如住房、交通工具、日常生活用品等衣食住行方面的纸扎；也有想象中的摇钱树、金山银山等纸扎，希望死者能拥有永远花不完的钱财；还有供死者娱乐享受的纸扎戏曲人物，以及宣扬死者美名、彰显死者哀荣的大楼子、金银幡等。纸扎品类之丰富，制作之精美，远超现实生活水平。孝子孝女出于孝道亲情，通过象征性的纸扎物，为过世的亲人打造了一种与现实相似的生活方式，借此履行送终的义务，并表达悼念之情和美好祝福。

同时，人们深信与死者的亲情关系并未因为死亡而中断或改变，认为亡魂在阴间能够影响生者的命运，决定其祸福。民间认为死者的灵魂可以上升到神的行列，从而对人的生活施加影响。中国人的祖先崇拜观念由来已久、根深蒂固，人们深信死者的灵魂可以庇佑本族成员、赐福子孙后代。"农业生产经验的积累和氏族宗法血缘传统的延续，使中国的实用理性特别发达，以至整个中国文化带有鲜明的实用性格。"①这种祖先崇拜的宗教观念，具有极

---

① 吕品田：《中国民间美术观念》，湖南美术出版社，2007，第99页。

强的现实性、功利性特点，人们关注的并不是神本身，而是人与神的关系，是人自身的幸福，供奉的主要目的是求得回报，获得祝福和保佑，实现现实生活的愿望。纸扎也是生者用来取悦亡魂、祈求护佑、追求自身现实生活幸福的工具。纸扎作为现实人生对美好生活渴望和追求的物化手段，表露出老百姓内心世界的美好愿望。例如，在鲁西南丧葬纸扎中，金银财宝类特别多，有金山银山、摇钱树、聚宝盆、钱柜等，但当地民众依然感觉还不够，又与时俱进地创造出银行，不仅汇聚了七棵摇钱树和金山银山，树上还挂满纸元宝和面额高达一百亿元的冥钞，反映出民众对财富热切而强烈的追求；家有银行，不仅钱多得永世花不完，而且银行还是得到官方保障的金融机构，钱财放在里面，非常安全保险，从中也可以看出民众盼望长久安定的富足生活的心理。总之，纸扎表现出对现实生活的观照和折射，与其说纸扎是生者为死者在另一个世界的幸福生活而创造，不如说是生者借此追求自身现实生活的幸福。

虽然生者与死者的亲情关系永远不会改变，但人们认为，阳间与阴间毕竟是两个世界，人与鬼也各在殊途，即使死者是最亲密的亲人，也已是亡魂，不能长期驻留人世，否则会打乱阳间的生活秩序。人们对于鬼魂这种"非人类"的存在既亲近又心存畏惧，希望及早送其归位。在民间观念中，丧葬礼仪便是将死者的灵魂送往归属地（阴间地府）的过渡仪式，仪式中的活动也在不断强调着告别的意思。例如，人们认为，盖棺时不许哭，以免眼泪流到棺材里，使死者产生留恋之情；送路时不能哭，以免使死者因悲伤而走错了路或不舍得离家而去；下葬后离开时忌回头看，否则会使死者的灵魂不安宁，跟随生者回家，这样对双方都不吉利；等等。这些习俗都是人为设定的与鬼魂保持距离的防线，杜绝鬼魂的留恋或纠缠。为死者置办精美、丰富的纸扎，也是营造一种富足、幸福的阴间生活状态，使死者打消后顾之忧，不再留恋人间。而仪式中烧送的金银财宝类与交通工具类纸扎，更是表现出明显的送行意图。一般来说，小汽车与轿车马作为交通工具，有其一即可，而在谢家老太的仪式中却两样兼备，这固然是因为主家经济条件较好，但送别的意味也因此显得更加浓重。

总的来说，纸扎作为具有象征意义的仪式符号，划分出生与死、阳间与阴间、现实与理想的不同世界，既是沟通生者与死者的媒介，又制造出生者与死者之间的差别与隔离。

2. 协调、区分亲属关系

中国乡土社会的血缘和亲缘关系，是维系乡民社会关系的主要纽带。中国传统社会以每一个社会成员个体为中心，以血缘和亲缘关系为主线，结成一张张密集而交错的社会关系网络。每个个体在网络中承担着特定角色，在与他人的互动中维系、强化或疏离、消解着相互间的关系，尤其是在丧葬仪式这样的礼仪场合，这种关系的互动更加频繁、密集。

就血缘关系而言，家族内部成员之间往来频繁、关系密切，尤其是面对家族里的大事，家族成员能够团结起来共同应对。丧事最能展现家族的团结，显示家族的势力与声威。一旦家中有人去世，孝子孝女沉溺于伤痛中，无心操办丧事，丧仪都是由本家族成员组成的红白理事会帮忙打理。在前文例举的三场仪式中，从纸扎的运送、摆放到搬运至墓地并焚烧，丧家无须亲自动手，全部由帮忙的人负责，这正展现出家族的力量，也密切了家族成员之间的关系。

丧葬仪式中纸扎的订购与展示方式，又展现出亲属关系中血亲与姻亲的差别。在鲁西南地区，纸扎是由孝子孝女共同出资购置的，但又有着明显的区别，展现出在家庭遇到大事时子女共同承担的合作机制和约定俗成的分工体系。一般来说，儿子（或孙子）负责购置罩子、四合院、小汽车，女儿（或孙女）负责购置银行、牌坊、大楼子、轿车马（死者是女性时）、摇钱树。当然，这指的是金钱上的出资购置，定做时大多还是在一起。若兄弟姐妹间关系和睦，可能对于纸扎的花费没有太多计较，经济条件好的一方可以多出一些钱，但不能全包，因为这是子女尽孝心，多少都要出一些；若关系处得不好，就会分得一清二楚，绝不会有所越界。

从这种分工体系中可以看出，一方面，罩子、四合院作为死者在阴间的住所，要由负责养老的儿子承担，这是民间儿子养老传统的延伸。事实上，孝子也是丧葬仪式资费的主要承担者，通过承办仪式履行养老送终的义务，也进一步巩固了财产继承权。对于死者的家庭而言，出嫁的女儿已经是外人，亲属关系也已发生转变，她们不承担赡养老人的主要职责，但也有义务尽一份孝心，所以负责银行、摇钱树之类的纸扎，表示给老人钱花。而且嫁女（包括出嫁的女儿、孙女、侄女）不是以个人身份，而是以夫家一分子的身份参与仪式。从谢家老太三周年仪式的接桌子环节即可看出，孙女婿们站在供桌旁边，在村民的起哄下负责往外掏小礼①，再者礼金登记时写的是孙女婿的名字，女婿的家族近亲也要来祭拜等，都表现出女婿家族集团的参与。在所有宾客中，嫁女及女婿对死者的义务最重，在经济上资助的钱数也最多，但仅代表对葬礼的资助，不涉及对老人财产继承的意思。另一方面，这种约定俗成的分工也是协调姻亲关系的方式，即在双方共同认定嫁女已是夫家人的前提下，刻意分清两个家族之间的界限。所以在谢家老太的三周年仪式中可以看到，纸扎在订制时即分清责任人，运送时也要分批次，孙女婿、外孙女婿家族集团的纸扎独立展示，对于嫁女及其夫家具有重要意义。

根据纸扎的数量、规模，还可以看出姻亲与死者关系的亲疏远近。同样是死者家族嫁女的配偶，女婿的纸扎最多最重，孙女婿的又比重孙女婿的要多，相应地，其他供品和礼金也是如此。在谢家老太的三周年仪式中，孙女婿的纸扎有轿车马、楼、摇钱树、金山银山、电视机、洗衣机，重孙女婿的只有摇钱树和花圈，礼金数额也相差极大，这正印证了费孝通先生提出的中国传统人际关系的差序格局理论。

3. 整合村落人际关系

虽然不可避免地受到全球化与商业化的冲击，但鲁西南乡村依然保持一种小圈子的熟人社会状态，村民间的往来十分频繁，日常串门、节日馈赠、祭祖仪式、婚丧礼仪等民俗活动，给他们提供了高密度的交流机会，同时村民也在这一过程中习得处理人际关系的内在规约，并作为执行者、传播者，通过制造舆论影响的方式发挥规约的作用。正如吕品田所说，每个人都"生活在一个充满各种意义、概念和价值的文化世界之中"，"每个人都无法抗拒

---

① 孙女婿们在接桌子环节每停一次即掏出20元钱，一趟下来每人约需花费近千元，这笔钱最终归主家所有，故可视为另一种形式的助丧。

地要受到这些超有机体的'文化的实在'的影响和模塑；每个人都不知不觉地会按照一定的认识方式看待世界，或遵从一定的理念精神、价值标准来确定和判断自己或别人的行为"①。因而，村落内部拥有和养成的这一套得到公认的评议体系，包括行为规范、是非标准、价值取向和审美情趣等方面的评判，作为一种隐性力量，制约规范着村民的行为、语言、心理，调节着村落中的各种社会关系。

在鲁西南地区，丧葬仪式不仅是一家的大事，也是整个村庄的大事，总会吸引大量围观者，他们以既定的价值标准审视着仪式。仪式规模的大小、孝子孝女的悲伤程度、行礼是否符合标准、宾客所带供品与礼金的数量、鼓乐班演奏水平的好坏、待客的宴席是否丰盛等都是村民关注的事项，若是仪式程序不符合规范、该准备的没有备下或行礼时动作出错、礼金给得太少等，都会受到村民的非议和耻笑，影响主家与宾客的面子、口碑甚至在村里的地位。纸扎作为仪式中象征符号体系的一员，自然也被置于乡村内在评价体系和舆论环境之中，成为村民关注的焦点（图3-29）。围绕着纸扎展开的

图3-29　被村民赏评的纸扎

---

① 吕品田：《中国民间美术观念》，湖北美术出版社，2007，第53-54页。

乡间评议，引发了孝子孝女、围观者与纸扎艺人之间的互动，并调整、重塑着相互之间的关系。村民在看热闹的过程中，通过他们熟悉的各类纸扎，验证并再次熟悉了自身文化体系的合理性、规范性，并在欣赏中获得美感体验和审美愉悦（图3-30）。孝子孝女则通过齐全、精美的纸扎赢得村民的赞誉，在村民满意的表情中得以安心。但在具体的仪式场景中，有时也会出现不同的声音。例如谢家老太的三周年仪式，纸扎之多已超出当地常规水平，这中间很大一部分原因是主家在炫耀。村民对此态度不一，既有真心赞扬的，也有嫉妒、怨恨的。当被问及主家为何置办如此多的纸扎时，有村民带

图3-30　路过的老人驻足观赏罩子

着嘲讽的语气说："人家是医生，家里有钱。"因为谢家老太的孙子是村医，所以不由得让人想象其中的弦外之音。可见，过于大办仪式有时也会产生负面效应，影响人际关系。而从沙岗村的出殡仪式和姚老太的三周年仪式来看，丧葬仪式的简化致使围观者人数减少，乡民评议的制约力也随之减弱。所谓"生，事之以礼；死，葬之以礼、祭之以礼"，丧事的隆重程度是中国民间评价子女是否孝顺的重要标准之一。在沙岗村的出殡仪式中，死者的长子吝啬，在置办纸扎时仅出了一小部分钱，未能尽到自己的责任，这原本应该在仪式中受到村民舆论的谴责和批判，但因很少有人围观，其所受到的批判程度也相应地削弱。所以说，仪式的隆重是有其作用的，纸扎的丰富也不是完全无谓的浪费。

艺人作为纸扎的制作者，由于技艺得到村民认可也会获得成就感、自豪感，并建立起良好信誉，增大未来获得订单的机会，确保工艺的稳定传承。谢家老太三周年仪式上所用的纸扎是艺人张玉周扎制的，他作为山东省非物质文化遗产传承人，单凭这一身份，说明其技艺已经得到认可（至少在官方方面），但他依然关心村民对纸扎的评价，对于两三年没有扎过的大件——大幡更是上心，扎制时费尽心力，又亲自指挥吊挂，当他得知无法吊挂起来展示时，虽然口中没有表示，但遗憾的表情显露无遗。作为纸扎的制作者，纸扎艺人有时还亲自参与仪式，如西大庄村姚老太的三周年仪式中，纸扎艺人张广寒、张广社就以"大永师"（音）的身份参与了上旌仪式，并发挥了主导作用。

总之，丧葬仪式中的每个参与者都自觉地将自己放于村落价值评定体系中，通过行动为自己追求人际关系中的有利地位，从而实现村落社会关系的调整与重新定位；同时，仪式语境中的这种价值评定体系也在不同群体的互动过程中得以巩固和强化。纸扎作为丧葬仪式中的象征物，其对于乡村社会人际关系的整合具有重要的影响（图3-31）。

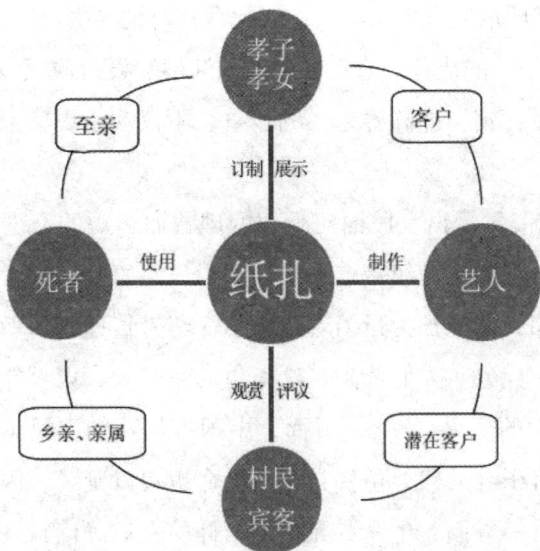

图3-31　纸扎艺术与乡民的关系示意图

三、审美娱乐功能

丧葬本是悲伤、沉痛、严肃的事情，不应有娱乐的成分。周礼中要求"居丧不举乐"，甚至有"邻有丧，舂不相。里有殡，不巷歌"①之说。然而，民间丧俗中"举乐"却十分普遍，以至于历朝历代屡颁禁乐令。例如，《魏书·高允传》记载高允曾因当时婚娶丧葬不依古式而上疏曰："前朝之世，屡发明诏，禁诸婚娶不得作乐，及葬送之日歌谣、鼓舞、杀牲、烧葬，一切禁断。虽条旨久颁，而俗不革变。将由居上者未能悛改，为下者习以成俗，教化陵迟，一至于斯。"②对于三年服丧期内作乐者也有严厉的惩罚政策，例如《唐律疏议》卷十记载："丧制未终，释服从吉，若忘哀作乐（自作、遣人等），徒三年；杂戏，徒一年；即遇乐而听，及参与吉席者，各杖

---

① 陈戍国点校《周礼·仪礼·礼记》，岳麓书社，1989，第297页。
② ［北齐］魏收：《魏书》，中华书局，1974，第1074页。

一百。"①从这些禁令中可以看出民间用乐的普遍性，可谓屡禁不止。宋代民间有的人家初丧即请艺人作乐演戏以娱死者，时谓"娱尸"。确实，传统丧葬仪式中"喜""乐"的成分一直存在，鼓乐演奏、设台演戏、纸扎装饰等形式十分普遍。若是喜丧，即高寿老人的丧事，不仅戏乐更盛，还会多处出现红色。

"喜丧"风俗显示出乡民面对死亡的理智而达观的态度。吕品田指出："一条永恒、坚固的生命纽带连系贯通了祖先与家庭、死者与生民、阴间与阳间，而一种伟大的庇护力量沿着这条生命纽带传递到每一个在生之灵，每一个家族和每一代人。人们依附在这条生命纽带上，以至能够正视或蔑视死亡，排除对死亡的恐惧。"②一方面，中国古代特别重视血脉相传、香火延续，只要自己有子孙后代，仿佛自己的生命也得以延续，因而对待死亡也就不那么恐惧。另一方面，生命二元论的信仰使人们确信自身能够超越有限的现实——死亡，走向理想的境界——阴间，因而也就不会过分耽于悲伤。

鲁西南丧葬纸扎的题材、造型、色彩，具有强烈的艺术性，反映了乡民的生活需求、文化观念和审美心理。与其他民间美术相比，纸扎艺术更注重面向观赏者的展示和对祭祀场面的烘托。丧葬仪式具有开放的性质，祭祀仪式往往选取门前街道等开阔的场地，以开放的方式面向大众展示，因而成为一种群众性的审美活动。艺人把纸扎这种艺术形式与丧俗过程紧密地结合在一起，追求在展示中见效果，使纸扎显示出强大的艺术感染力。一方面，纸扎作为用于供奉死者的丧俗工艺品，色彩却艳丽红火、饱满热烈，以强烈的色彩对比对观者形成巨大的视觉冲击力，带给人一种美的艺术享受，并营造出一种热闹、欢快的氛围。另一方面，鲁西南纸扎的娱乐功能还表现在戏曲纸扎的呈现，包括扎制戏曲人物与描绘戏曲故事。在传统社会中，人们生活比较单调、平淡，平日忙于农活，只有过年过节才能休息、放松。戏曲所表现的喜怒哀乐、悲欢离合，是人生常有的共同感受，特别容易引起共鸣；曲

---

① 曹漫之主编《唐律疏议译注》，吉林人民出版社，1989，第408页。
② 吕品田：《中国民间美术观念》，湖南美术出版社，2007，第102页。

折离奇的情节，夸张的表演形式，强烈的艺术效果，也使之成为乡民宣泄情感、释放压力的最佳方式。

纸扎作品本身充满了生命的活力，所营造出的氛围热闹、欢娱，看似与庄严肃穆的祭奠仪式要求相去甚远，但鲁西南乡民认为这种现象合情合理，丝毫不感觉违和。这正反映出鲁西南民众特有的审美观、生死观与对待生活的态度。生命原则是中国文化观念内涵的终极统一性，深刻地贯彻在人们的意识领域和认知活动中。在丧葬仪式中，人们面对的是死亡，激发的却是对生命的珍惜、对美好生活的渴求，所以他们并未刻意营造严肃、悲痛的氛围，而是运用精美的装饰、艳丽的色彩作为传情达意的载体，传达出一种热烈的世俗情感。很明显，这种名义上的娱乐形式表现出浓重的人情味，"娱人"的成分远远大于"娱神"。

纸扎的审美功能是在丧葬仪式中潜移默化地发挥作用，陶冶情操，丰富人们的精神生活。这表现出民间传统的一种人生哲学、人生智慧，毕竟死者已矣，生者仍要继续生活，不应过分沉浸于悲痛情绪，而要做到哀而不伤，以乐观的态度继续现在的生活，燃烧生命之火。

四、认知教化功能

美国人类学家罗伯特·雷德菲尔德在1956年出版的《乡民社会与文化》一书中提出"大传统"和"小传统"的概念，意在揭示存在于复杂社会中的文化传统的不同层次。按照他的表述，大传统是接受过学校教育的少数人内省的传统，小传统则是生长于村落共同体中的多数人坚持的传统。他的这种对文化传统的共时性二元区分很快被学术界所接纳，并被理解为"精英文化"与"通俗文化"。我们也可以借用这一对概念，审视大传统与小传统的文化传播方式和教育方式的不同。大传统作为由城镇的知识阶层所掌控的文化传统，主要通过书写的方式传承，较强调抽象的伦理观念；小传统作为乡村大众的文化传统，由乡民通过口传等方式传承，较注重实践的仪式方面。在中国传统农耕社会，大多数人不识字，人们获取知识、懂得伦理规范的途径，除了长辈的耳提面命、谆谆教导，主要是通过参与或观看礼仪活动、民间游艺活动而接受教育。人生仪礼这种群体性场合，是民众接受道德伦理教化的最佳时机，仪式在乡民生活中不断重复上演，人们在参与的过程中也不断熟悉、强化相关知识系统和行为规范。仪式中的纸扎更是使这种教育形象化、生动化（图3-32）。

图3-32　孩子们好奇地观看纸扎

寓教于乐是中国民间的主要教育方式，民间艺术在这方面所起的教化作用，是其他事物所无法替代的。戏曲自宋、元以来，一直是民间最重要的娱乐形式，也成为中国传统文化的传播方式与教育方式之一。乡民对于历史的了解、人生经验的获得，在很大程度上是以故事的形式从看戏中获得；而戏曲所表现的喜怒哀乐是人生常有的共同感受，所探讨的忠孝节义也是人们最关注的伦理问题，人们在看戏过程中对自己的人生进行反思，接受或重塑自身人生观、价值观。因而，释然在《来自草根文化的造诣》中说："表面上，我们看到的是娱乐，但在实际上，无需文字表达的诸多生活场景和情绪，在一方表演和另一方观赏的过程中，得到了知识性的沟通和对话。这种面对面的生活方式，在老百姓的生活观念中是值得信赖的，是高密集的、高质量的。"①

虽然当今戏曲艺术呈现衰微态势，影视艺术十分普及，但在鲁西南地区，在逢年过节、庙会集市时，戏曲表演仍是人们文化娱乐的重要形式。除了演出，各种相关戏曲题材的工艺美术形式，也成为戏曲的载体，代行教育功能。纸扎戏曲人物也发挥着这种作用，成为乡民知识的重要传播媒介，同时也实现着教化功能。在众人围观之下，村中长者指着纸扎上的戏出人物给孩子们绘声绘色地讲解，解说情节，品评人物，颂扬明君贤臣、忠勇之士、烈女孝子的嘉言懿行，批判贪官污吏、豪绅恶霸、忘恩负义之徒的恶行。听者看着生动传神的形象，听着津津有味的故事，在潜移默化中学习做人的道理，掌握伦理道德、礼仪规范，树立是非善恶观念。随着仪式的不断举办，在重复上演的过程中，传统文化、价值观念被社会成员不断巩固、强化，成为统一的文化规范和价值准则；而这种稳定下来的集体意识又模塑和规范着新的社会个体，使其在思想意识上产生认同感，从而使传统观念得以世代传承。

纸扎不是纯粹用于欣赏的工艺品，而是为祭祀亡灵制作的供奉品，属于丧葬仪式中的一种象征符号。维克多·特纳认为"象征符号是仪式中保留着仪式行为独特属性的最小单元，它也是仪式语境中的独特结构的基本单元"②，仪式对人们社会生活所产生的影响都通过仪式中的象征符号体现出来。纸扎作为乡土社会丧葬仪式中特殊的象征符号，依托于丧葬仪式场景而被一再创造、传用，并在参与仪式的过程中显现意义。从普遍意义上来说，丧葬纸扎承载着中国民众尤其是乡民的灵魂观念、鬼神信仰、伦理道德、礼仪规范等多方面的内容，揭示出中国传统文化的深层内涵与意蕴，发挥着审美、娱乐、教化功能；具体到区域社会而言，丧葬纸扎在其展演的"阈限"阶段，将死者、孝子孝女、村民与宾客、纸扎艺人等不同群体关联起来并引发互动，把因人的死亡而受到扰乱的各种关系调整过来，整合乡土社会人际

---

① 释然：《来自草根文化的造诣》，《博览群书》2001年第8期，第5页。

② ［英］维克多·特纳：《象征之林：恩登布人仪式散论》，赵玉燕、欧阳敏、徐洪峰译，商务印书馆，2012，第23页。

关系，维持社会的内聚力，并在一定程度上形塑着乡民的性格与观念。正因为纸扎具备多重文化功能，才使得它能够与时俱进，在当今时代大潮中依然有着广阔的生存空间，既有保持传统的一面，又被刻上时代的烙印。

第四章　丧葬纸扎的生存状态 ≫

　　丧葬纸扎在全国各地丧俗仪式中普遍可见，反映出民间普遍存在的信仰观念，承载着民众尤其是乡民的思想情感、伦理道德、礼仪规范、人际交往等多方面的内容，揭示出中国传统文化的深层内涵。在当今传统手工艺普遍走向衰微的情况下，纸扎依旧保持稳定的发展态势，在乡民生活中发挥着不可替代的作用。

第一节　丧葬纸扎的特征

一、短命的艺术

（一）纸扎作为"短命的艺术"的表现

　　纸扎作为与礼仪、祭祀活动密切相连的祭祀供奉类民间造物，属于丧俗艺术范畴。纸扎伴随丧葬仪式而生，从艺人接单制作，到摆在仪式现象展示，直至在坟头焚化为灰烬，存在的时间短则两三天，长也不过十几天，真正出场并发挥作用不过半天时间。因其从产生到消亡的时间十分短暂,故被称为"短命的艺术"。

1. 短命的原因

纸扎存在时间短暂的原因,在于其服务于丧葬礼俗的实用性功能。从制作来说,纸扎体积庞大,占据的空间也大,而且禁不起风吹雨淋,不适合长期存放,再加上毕竟是有忌讳的事物,所以艺人都是在接到订单后才动手制作,不会提前囤货。因为死亡往往是突发性的,而且按照丧俗一般在死者去世后的第三天出殡,所以留给艺人制作的时间有限,艺人必须赶在出殡当天早上交货;三周年仪式还好说,日期早已确定,主家一般提前十几天订货,艺人可安排时间制作,但若赶上旺季活多,也需要赶制。通常来说,一批普通规模的纸扎活的制作时间也就是两三天。从使用来说,纸扎在丧葬仪式当天早上才亮相,随着祭奠礼结束,大约中午在坟地被焚送,以一种消亡的方式完成自己的使命。可以说,纸扎因丧葬仪式需求而生,伴随仪式的结束而亡。

2. 短命特征的影响

纸扎这种短命的特征决定了其材料、生产方式、制作工艺等艺术表现形式。

就材料而言,因纸扎只不过使用半天时间,所以无须采用特别牢固的材料。高粱秸秆(或竹子、苇秆)与纸张这种相对廉价的材料,足以保证其所需的牢固度,而且易于造型,易于燃烧,能够实现相对牢固与易于焚烧的双重要求。

由于纸扎艺人通常需要赶活,所以纸扎的生产形成家庭内部的分工合作、流水作业方式也就成为必然。扎制骨架通常由两名男性艺人负责,不太需要技巧的裱糊环节由两三名女性完成,画、刻等技艺要求较高的部分由一名男性艺人负责,五六个人通力合作,两三天便可交货。

因为纸扎制作时间紧且仅展示半天时间,所以没必要也不可能处处细致装饰。绑扎骨架和裱糊工艺无法简化,因此通常在彩绘环节提高生产效率。例如,过去有些建筑花边先用木版印刷底稿,再手绘上色,简化了程序;现在则直接使用机器印刷的彩色花边条,彩绘环节直接省略。再如,彩绘时运用写意手法,在罩子的牌坊头、衣服的纹饰等处寥寥几笔勾勒出线条、花纹

（图4-1），还有制作纸扎戏曲人物头部时采用三种型号、适合各种行当角
色的人头泥模等，此类程式化造型手法，有利于提高生产效率，加快制作进
度，而且便于学习和模仿，容易普及，有利于技艺的传承。程式化的形式还
有一个优点是搭配灵活，可以通用。以纸扎戏曲人物为例，只要是同一行当
角色，装扮大致相同，例如塑造的武生形象，眉清目秀，神色刚毅，身穿铠
甲，手提长枪，威风凛凛，说是赵云也行，说是罗成也行，就看放在哪出
戏、与谁对戏。若搭配的人物为怀抱婴孩的女性，便是《长坂坡》中的赵
云，配戏的是怀抱阿斗的糜夫人；若搭配的人物是另外一名持枪小将，便是
《对花枪》中的罗成，配戏的是罗成的侄子罗焕。因乡民对于这些人物和故
事十分熟悉，故能自动引发联想，补全故事情节，理解人物身份。

图4-1 服饰上简单的纹饰

（二）鲁西南同类丧俗艺术形式

在鲁西南地区，与纸扎相类似的应用于丧葬仪式中的民间工艺形式还有面塑花供和享糖，作为祭祀品、供品，它们同样表现出短命艺术的特点。

1. 面塑花供

面塑花供，在鲁西南地区简称"花供"，它与年节时捏塑的可供食用的面花不同，其形象更近似于面人，只是体量更大。花供起源于古代的殉葬制度以及祭祀神灵祖先的活动，人们以面塑动物代替宰杀牛、羊、猪等动物，作为祭礼供奉神灵。面塑作为丧葬祭祀供品的礼俗，较早的文字记载见于唐代封演《封氏闻见记》卷六中的"道祭"条："玄宗朝，海内殷赡，送葬者或当衢设祭，张施帷幕，有假花、假果、粉人、面粮之属。"[①]这说明唐代已有以面塑作为路祭供品的习俗。在新疆吐鲁番阿斯塔纳地区发现的唐永徽四年（653）的古墓中，出土有面制女俑头部、男俑上半身以及面猪。这种供奉面塑，主要流行于黄河流域的甘肃、陕西、山西、河南、山东等地的广大农村。鲁西南地区古代曾长期遭受黄河决口造成的洪涝之灾困扰，百姓为祈求风调雨顺，向神灵供奉猪羊、瓜果、蔬菜等祭品，后来代之以面捏塑而成的各种祭品，并蒸熟、染色，十分精美。后来，花供的用途逐渐扩展，在祝寿、婚礼、丧葬等人生仪礼中也开始使用。丧葬礼俗中的花供，是在出殡和三周年祭仪时，由死者的姻亲或好友在吊孝时携带而来，在灵棚前摆供。

鲁西南花供的制作，以小麦面和糯米面为主料，加入颜料，制成各色熟面团，利用拨子、刀、剪、梳子等工具，通过揉、搓、捏、捻、按、挑等手法，捏塑成人物、鸟兽、瓜果、花草等形象（图4-2）。整体风格粗犷质朴，人物造型简洁、夸张，但细部又不失细腻，尤其是对于人物脸部的刻画十分精细，生动传神，身体结构的细微转折以及随身佩戴的饰物，也都捏塑得惟妙惟肖。在用色上，大胆运用高纯度的红、黄、绿等色彩，艳丽明亮，对比强烈，具有极强的视觉冲击力。

---

① ［唐］封演：《封氏闻见记》，中华书局，1985，第85页。

图4-2　菏泽穆李村艺人制作花供

　　花供在摆放时论桌，通常以五个人物为一组，也有八人或十人一组的（图4-3），都是民间喜闻乐见的戏曲故事人物。例如，"穆桂英挂帅"花供要捏塑佘太君、杨六郎、穆桂英、包公、寇准，或是杨六郎、杨宗保、穆桂

图4-3　花供——八仙庆寿

147

图4-4 花供——五虎将（鲁西南民俗博物馆藏）

英、八贤王、寇准；"五虎将"花供则塑造关羽、赵云、张飞、黄忠、马超（图4-4）。相比民间常见的供把玩的面人（菏泽面人也是在花供的基础上发展起来的），花供的人物造型较大，每个高七八寸。因为是需要摆供的，捏塑时先用竹签打桩，捏成后再将每个人物都插在一个大馒头上，并缀饰捏塑的鸟兽、水果、牡丹花、树木等，色彩艳丽，做工精美（图4-5）。花供一旦在葬礼上被摆放出来，便成为人们观赏的重点。一桌花供（五人组）的价格约为200元。由于死亡的突发性，加之面材料本身的特性，花供往往由三五个艺人共同赶制。艺人在接到订单后，带着工具到客户家，五六个人合作，最快一天时

图4-5 花供——五虎将之黄忠

间便能捏塑一组。如今，订制花供的已经很少了，有的代之以塑料盆花，有的直接多送礼金。

鲁西南的花供已经超越了普通面花的意义，虽然同为供奉品，但其目的不是供给祖先、神灵可食用的食物，而是让他们欣赏戏曲表演，是为好看而非好吃，试图满足他们在物质需求之上的精神需求。一般的面塑在仪式结束后往往就会被吃掉，但花供因含有颜料，不能食用，而且制作精美，人们也不舍得丢弃，故都留着观赏。因面粉极易发霉、虫蛀、干裂，花供往往保存不了太长时间，故也可归于短命艺术的行列。

2. 享糖

鲁西南的享糖，是以白砂糖为原料，用木头模具形塑出的人像、动物、冥柱、塔、牌坊等形象，在出殡、数七、百日、周年等祭祀仪式中用作供奉品，故俗称"糖人供"。

享糖，又称"飨糖"，因用于宴享而得名，它主要用作宴会、祭祀、喜庆等礼仪性场合的供献，以"看桌"的形式供人观赏，所以通常成套制作。享糖工艺来源于汉代的狻糖。《后汉书》记载汉代宫廷宴会上有一种狻糖，注云："以糖作狻猊形，号曰狻糖。"狻猊即狮子，故后来也称狮子糖、兽糖。因汉代内地不产蔗糖，只有蔗浆，蔗糖来自西域，故十分珍贵，只为皇家宴会所用，作为宴席上的装饰。唐代制糖技术大为提高，及至宋代各种糖塑艺术品在民间得以普及，既有作为小吃和玩具的，也有用作宴席装饰的。宋代孟元老《东京梦华录·饮食果子》记载开封

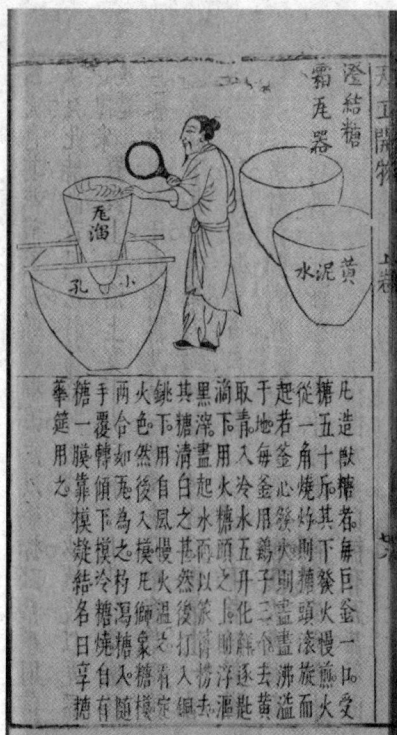

图4-6　《天工开物》中关于造兽糖的记载

市面上有"西川乳糖、狮子糖、霜蜂儿"等糖塑小食品。宋代周密《武林旧事》卷六中的"果子"条记载了"乳糖狮儿"等，是可以上席的。明代的糖品，据李时珍《本草纲目》卷三十三记载："紫糖亦可煎化，印成鸟兽果物之状，以充席献……以白糖煎化，模印成人物狮象之形者为飨糖，《后汉书》注所谓猊糖是也。"①明代宋应星《天工开物·甘嗜》附录中详细记录了制作兽糖的方法（图4-6）。

在山东省，这种享糖供品主要见于鲁西南地区，其他地区并不流行。除了用于丧葬仪式，享糖还用于婚礼（如鄄城回门时的"冰糖人子"）、为老人祝寿、清明和春节祭祖等重要场合，既有保持冰糖纯白本色的，也有染成红、黄、蓝等鲜艳颜色的，寓意喜庆美好（图4-7）。

图4-7　祭祖仪式中的糖供

享糖的制作分为两步，一是刻模，二是成型，分别由不同的艺人完成（图4-8）。享糖模雕刻的好坏，在很大程度上决定着享糖成型的品质。享糖模一般多用梨木、棠梨木刻制，其纹理细腻，软硬适中，既便于细致雕刻和塑型，又持久耐用。艺人经下料、画花样轮廓、浸泡、制坯、粗雕、修光、

---

① ［明］李时珍：《本草纲目》，陈贵廷等点校，中医古籍出版社，1994，第804页。

图4-8　曹县陈炳魁雕刻的狮子模具

细雕等工序，最后制作成型（图4-9）。计划经营享糖的人家，便从雕刻艺人手中买去模具。制作享糖相对简单，但也需要熟练的技巧和丰富的经验，经

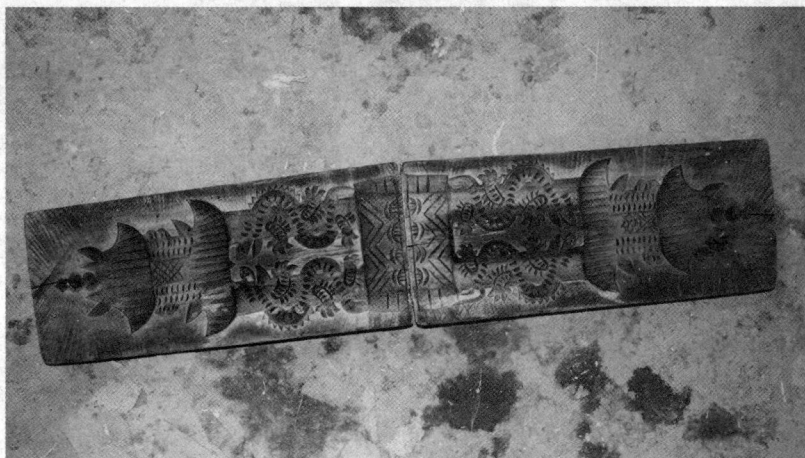

图4-9　牌坊模具

151

过熬糖、灌模、旋转模具、倒出多余糖汁、冷却，取下模子后，一个凝固成型的享糖供品便呈现出来（图4-10）。整个过程环环相扣，必须动作纯熟，配合默契，不能有丝毫延迟和差错。享糖的制作一般选择晴天，因为阴天下雨时享糖不易成型，还会影响成色。

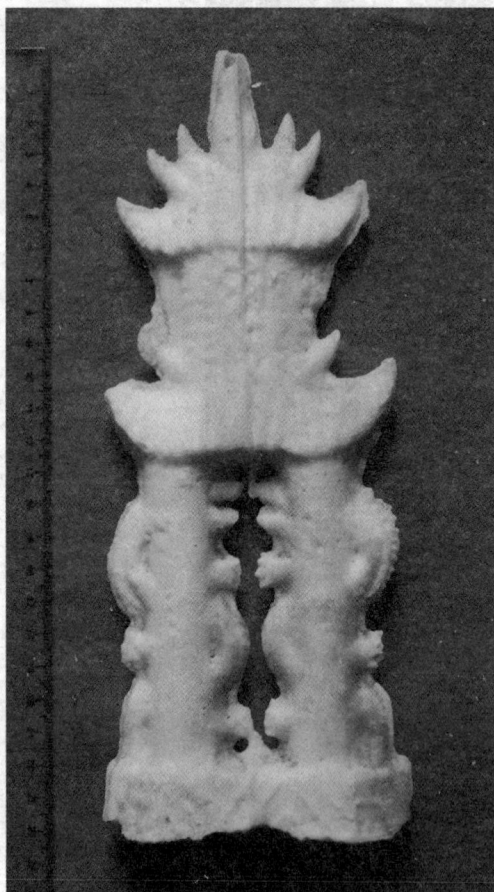

图4-10　牌坊享糖

图4-11　三牲供

享糖多是嫁出去的女儿、侄女、孙女准备的祭品，在出殡吊孝时送上，摆供祭拜。享糖可谓祭仪中的大供，一般都是成组购买或定做。常见的组合有鸡、鱼、猪三牲供（图4-11）；也有五顶，其中小五顶为一塔居中，对丞相、对狮分列两边，而大五顶为牌坊居中，对丞相、对狮分列两边；还有七顶，牌坊居中，两冥柱、对丞相、对狮分列两边；最高规格为九顶，牌坊居中，两冥柱、对塔、对丞相、对狮分列两边。享糖的各种造型都有美好的象征意义，例如丞相（当地也因此将享糖称为"相糖"）原本是侍奉帝王的，以丞相为侍者，寄予对先人的崇敬，也寓指子孙后代仕途顺畅（图4-12）；牌坊具有纪念、表彰功德之意；狮子象征守护家园；冥柱为盘龙柱，代表铭记之意等。祭祀用享糖每个高五六寸至八九寸不等，呈白色半透明状，宁静素雅，晶莹剔透，在祭祀供奉仪式中显得格外庄严肃穆。享糖以白糖为原料还预示着后人将会过上甜蜜幸福的生活。

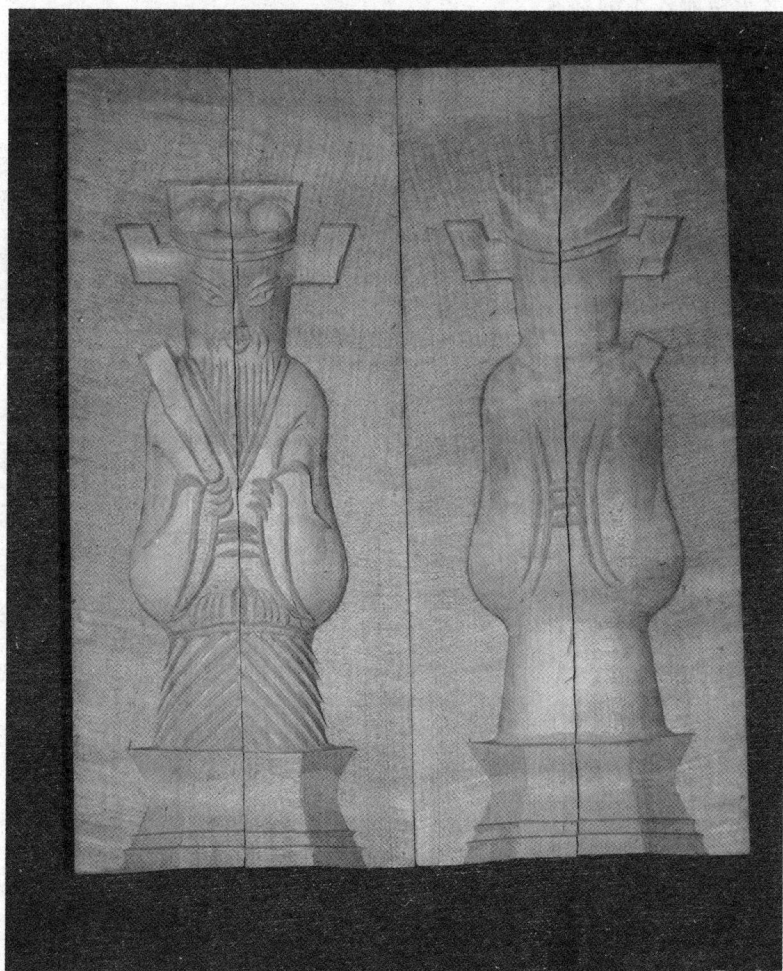

图4-12　曹县陈炳魁雕刻的相人模具

享糖无法长久保存，特别是在潮湿天气。按照当地习俗，在丧事结束后，亲戚们便一拥而上，争抢享糖，带回家分给孩子们吃掉。在过去物资相对匮乏的时代，享糖绝对是孩子们的美食。现在仪式中供奉享糖的逐渐减少，但在成武、鄄城、单县等地的丧葬、祭祖活动中还可以见到。

纸扎、花供与享糖都是丧葬仪式上的祭品，纸扎由主家与嫁女集团共同负担，花供和享糖则是以嫁女集团为主的近亲作为吊唁礼物送上的，并要隆重摆供，以示众人。

（三）短命艺术的意义

面对许多民间艺术，我们经常会发出这样的疑问："能用就行，为什么还要做得这么精致？"对于此类短命的艺术，这个问题似乎更加令人困惑。俄罗斯美学家卡冈提出原始艺术具有复功用性特点，民间艺术也具有类似的双重功能性。张道一指出，民艺具有与现实生活密切相关的本元文化特性，是实用与审美、物质与精神的统一体。主要服务于丧葬礼俗的祭祀供奉类艺术，并非所谓的纯艺术，而是乡民生活的重要内容，兼具实用性与审美性。它们处在艺术与生活的交汇处，其实用功能占据了较大的比重。这种实用功能与物质方面的实用性不同，是属于精神方面的实用性，即满足祭祀者祭祀供奉祖先的心理预期与情感需求；而其审美性也是由这种精神实用性所决定，并为之服务的。纸扎、花供与享糖不仅是工艺品，更是人们寄托感情、表达心愿的民俗用品，其题材、造型、色彩等无不反映着人们的生活需求、文化观念和审美心理。这也是为什么此类工艺品要制作得如此精美的原因。

同为短命的艺术，纸扎存在的时间比花供和享糖更短，这是因为对于纸扎而言，它被当作死者在阴间世界的生活用具，人们认为只有将其在仪式中焚化为灰烬，才能真正发挥它作为替代物的作用，所以随着仪式的结束，其生命也必然走向终结。花供和享糖虽然也是具有象征意义的供奉品，但都是用真材实料制作，花供的审美意味更加浓重，享糖的物质实用性则更加明显。

时至今日，花供和享糖在丧葬仪式中已较少见到，为礼金、塑料盆花所取代，但纸扎依旧是仪式中必不可少的物件，这也正是因为它的实用性。在乡民的心目中，纸扎能被送到阴间为死者永久享用，因而又是"长命"的，至今仍是鲜活的民众生活中的艺术，而且在没有更合适的替代物出现之前，仍将传承下去。

二、生活常态的艺术

（一）以乡民集体为服务对象

民间艺术不是某个或几个艺术家的个人行为，而是广大民众创造、享用和传承的艺术。鲁西南纸扎从未脱离乡民的生活，它的制作者与习用者都是乡民本身，是乡民群体智慧的结晶，反映出乡民共同的思想和情感。

纸扎的价格相对低廉，符合平民百姓的生活水平。丧葬供奉祭祀用品由实物到陶、木类明器，再到纸扎，是民众自发选择的结果。陪葬实物造价高，纸扎作为替代品同样能满足民众的心理需求，而且比其他明器便宜许多，即使是贫寒人家也不至于完全无力置办。例如丧葬仪式中不可或缺的罩子，被视为死者在阴间的居所，好的罩子售价400元，最便宜的200元即可买到，比之真正的房子价格便宜数百倍，而且更加富丽堂皇。可以说，纸扎与其他明器相比，避免了造成更多的财力、物力浪费，表现出一种更强的适用性，因而能够为广大民众所接受，在民众的生活中传用上千年。

（二）仪式情境中的审美活动

丧葬仪式集合了诸多象征符号，例如鼓吹乐、孝服、食物类供品、各种器物等，纸扎也是其中的一种，与其他仪式符号相互配合，在特定的时空展示出当地乡民能够领会的象征意义。同时，纸扎作为民众信仰的物化表现形式，也是一种造型艺术，在仪式中表现出审美意义，将生活艺术化地呈现出来，并使生活成为审美的现场。

纸扎具有艺术与生活的双重属性，其艺术价值是建立在丧葬民俗活动基础之上的。围绕着纸扎的艺术审美，是在丧葬仪式这样一个特定的生活空间里展开的，在场情境的审美方式表现为纸扎的审美融入了生活过程本身。只有在仪式中，有了围观者的互动，才使纸扎的审美功用得以实现，而丧葬仪式的高度聚合性，使纸扎的审美功能得到最大限度的发挥。纸扎的题材、图案、颜色等艺术形式都为当地乡民所熟识和认同，他们在观赏过程中能够感受到强烈的艺术感染力，形成心理共鸣，获得审美享受。同时，在仪式庄严神圣的氛围中，人们在观赏纸扎时所获得的信息不仅是纸扎艺术形式呈现出的内容，而且还包括纸扎在神圣空间的场景和仪式展演过程中的表现。

总之，由服务于丧葬礼俗所决定，纸扎的市场需求量是相对稳定的，不可能出现大规模生产的情况，因此从业艺人也不多，根据供需情况，纸扎艺人的生意圈大约在方圆八里地范围内。再者，纸扎行业的收入并不高，因为贵了没人买，便宜了不够工夫钱，纸扎艺人仅能靠此手艺糊口，不能靠此致富，他们大都有兼职，或种地，或画神像、画家堂、塑神像，或经常外出打工等，所以也不会有太多的人从事这一行业。因而，纸扎无法实现产业化、规模化发展。此外，因为丧葬中的禁忌观念，一般纸扎不宜参与商业、文化展会，也不便于开发为旅游产品。因此，纸扎只能是一种生活常态的艺术，只有植根于民间土壤才能充分发挥其功用，而且其发展与传承完全取决于民众生活的需求。

第二节　丧葬纸扎生存发展的影响要素

民间手工艺的生存发展受经济、政治、信仰、习俗变迁等多方面要素的影响，具体到纸扎艺术而言，主要表现在以下四个方面。

一、功能的决定性作用

功能性是民间艺术传承的生命力所在。民间艺术都是服务于生活的艺术，其功能主要受民众思想观念与生活方式的影响。对于民间丧俗艺术而言，"万物之生，靡不有死，古先哲王，作为礼制，所以养生送死，折诸人情"[①]，只要有个体的死亡，就必然会有哀思情感的寄托与释放的需要，就会有对死后世界的想象与信仰，丧俗艺术形式也就不会消亡。纸扎作为一种丧俗

---

① ［北齐］魏收：《魏书》，中华书局，1974，第1074页。

艺术，在丧葬仪式中表现出多重文化功能，既可以完成礼俗，实现孝道，抚慰心灵，宣泄情感，又可以营造氛围，娱神娱人，教化规劝，这种精神实用性功能是纸扎兴衰存亡的决定性力量。正因为这种实用性，购买、使用纸扎看似造成了金钱上的浪费，但纸扎对民众来说是有意义、有价值的，也是必要的。

随着当今社会现代化、全球化和工业化的加速发展，乡民的生活方式发生了巨大变革，民间艺术的功能也随之发生着变化。许多民艺逐渐失去实用功能，仅留存审美功能，并逐渐淡出乡民的日常生活，例如年画、剪纸、泥塑玩具等。纸扎由于与乡民的生死观念、灵魂观念、神灵信仰密切相连，在礼俗中承担的实用功能并未改变，故而能长存于民众生活中，尤其是在农耕文化特色鲜明的鲁西南地区，至今盛行不衰。由于功能未变，纸扎的造型与色彩便也变化不大，尤其是棺罩，尺寸、造型稳定不变，牌坊、大楼子、四合院也都保持古代建筑样式，新式的"小洋楼"、别墅纸扎在鲁西南只有极个别主家定做。因纸扎是丧礼所需祭品，由不得任意修改，反映出民间信仰观念的持久作用力。

但不可否认，由于现今人们更趋于追求经济利益最大化、讲求快捷方便，乡民的灵魂信仰观念逐渐淡化，传统丧葬仪式与纸扎工艺也必然受到影响，呈现简化的发展趋势。传统纸扎工艺制作讲究，例如鲁西南旧时大户人家在所需纸扎比较多的时候，会请不同纸扎艺人扎制，一家做大楼子，另一家做大幡，看谁做得好，类似于鼓乐班的"对棚"吹奏，相互竞争；对于纸扎上的戏曲人物，主家都要专门点戏。因此纸扎艺人都极尽心思，使出所有看家本领，拿出最精彩的活计，尤其是最出彩的纸扎戏曲人物，复杂的一天只能制作五六个。过去讲究在出殡前三天即"看社火"，主家将纸扎提前公开展示，村民纷纷围观欣赏。现在主家并不关心纸扎的细节，例如对纸扎戏曲人物是否能组成一出戏并不在意，任由艺人随意制作，只要有就可以，至于图案是印刷的还是手绘的也感觉关系不大，因此艺人也简化程序，在头模提前制好的情况下，一个人物从开脸到穿好衣服、扳出架势只需20分钟。纸扎大多在仪式当天由艺人送到现场，若没有特别的大件，围观的人数并不多，纸扎的审美功能大为弱化。艺人费时费力制作却得不到相应的回报，工时与收入严重不对等，自然会屈从于市场，不再精益求精，而是本着经济效益优

157

先的原则，有些环节能省则省。例如，过去罩子顶部为宝瓶顶，运用剪、刻、画、扣、粘等工艺，近一个小时才能完成；现在则仅插一面纸旗代替。又如瞠头，最初都是先画出轮廓，然后剪出外形，刻上虚线标识，再手绘四五遍颜色，程序复杂；现在则直接购买印刷品贴糊。

纸扎作为乡民信仰观念、思想意识的外化形式，其内在精神性实用功能决定了它的发展与变迁之路。传统纸扎强调对于死者的物质、精神双重满足，现在则专注于物质生活方面，一应用具齐备，但精神方面的民间信仰、戏曲娱乐等内容则明显弱化。这也反映出现实社会的变化——注重追求物质享乐，而精神、情感生活趋于多样化。相应地，丧葬纸扎的审美功能、娱乐功能、教化功能也有所削弱。

二、科技进步的主导作用

材料与技术是影响民间工艺的重要因素。由明器的发展变迁史可以看出，纸扎的出现在历史上具有进步意义，避免了更多的无谓浪费，有利于缓解厚葬之风。纸扎自宋代成为丧俗明器的主要形式以来，由于材料的廉价、轻巧、可塑性强等特点，能够满足人们的使用需求，因而成为明器的首选，一直传承到现在。

20世纪80年代以来，尤其是进入21世纪，随着科学技术的迅速发展以及新技术、新材料的出现，纸扎工艺也发生了一些变化，机器生产的成分逐渐侵入，手工技艺环节有所简省。当下纸扎制作过程中，骨架材料和扎制工艺基本未发生变化，但随着现代印刷技术的普及与提高，裱糊与剪刻工艺发生较大改变。例如，早期的裱糊是先贴素纸以整出大形，再满贴细部装饰，大量的装饰纹样为手工剪、刻、绘而成；现在直接贴糊机器印刷的大幅花纸，再在上面进行少量的细部装饰，不仅贴糊工作大为减少，剪、刻、绘工艺更是所剩无几。但目前市面上销售的机印纸扎花纸多为小型印刷厂印制，质量较为粗陋，形式单一，图案并没有在美观度、清晰度上超越手绘，更谈不上艺术表现力与感染力。

材料的特性决定了造物的品类以及与之相适应的技术属性。就材料而言，塑料材质的使用，改变了纸扎的工艺、造型、结构等。塑料与纸张同样轻巧、廉价，但塑料更加结实牢固，而且通过低温加热即可变软，由艺人随意做成各种形状，并能模塑成型，因而便于大批量生产。现在鲁西南地区的纸扎童男童女、狮子已改用塑料制品，多为小型印刷厂利用机器批量压塑成型，前后两片扣合后用订书机装订，每个售价仅1元；纸扎大件小汽车以及电视机、洗衣机、桌椅等小件也大多改为以塑料板剪裁、拼粘而成，普通家庭作坊即可制作，价位与手工扎糊的基本相等。塑料制品成本低，制作快捷省事，价格便宜，很快占据了市场。目前，虽然塑料尚未完全取代纸张、秫秸，但塑料生产加工的批量化、快速化、标准化特性已经对纸扎手工制作的存续状态与核心价值形成冲击，影响到纸扎的艺术品格与质量。纸扎艺人的技艺在新技术、新材料的挤压下生存空间逐渐变小。对于纸扎行业来说，新技术的推广降低了从业门槛。过去纸扎艺人必须掌握扎、糊、画、剪、刻、印等全套工艺，尤其是画工好的艺人才能得到普遍认可；现在即使不会画、剪、刻，只需会绑扎、裱糊，也可从事纸扎制作。新材料的使用一方面带来便利，另一方面也产生负面影响，例如环保问题。秫秸和纸张是生态环保的天然材料，能充分燃烧，灰烬还可作肥料，而且燃烧时冒出青烟，并无异味。塑料小汽车、电视机、冰箱等物，燃烧时会冒出浓浓黑烟，发出刺鼻的气味，而且残余物不可降解，会对土壤造成污染。

三、"国家在场"的控制与导向

在乡村社会生活中，国家始终"在场"，并利用自身的权力干预乡民生活，加强对乡村的整合和渗透。仪式便是国家与乡村社会力量互动博弈的重要场合。高丙中在《民间的仪式与国家的在场》一文中指出，"国家"作为一种意识形态的符号，是形塑民间仪式的力量，"仪式既反映着国家与社会的现实关系，也是调节国家与社会的关系的媒介"[①]。"国家在场"对丧葬纸扎的影响主要是通过对丧葬仪式的形塑而表现出来的。在颁布和推行移风易俗的

---

① 高丙中：《民间的仪式与国家的在场》，《北京大学学报（哲学社会科学版）》2001年第1期，第43页。

政令方面，国家既通过宣扬特定意识形态的话语系统或政策规范引导民众自觉遵守，也使用国家机器强行变革。

历史上，国家政权对丧葬礼俗的干预从未停止。自西周制定了严格的丧仪规范制度，并通过儒家思想的阐释，使之成为社会化的礼法规范、伦理道德，至汉代为百姓所普遍接受，实现了"礼俗以驭其民"的目的。自此"入土为安"的土葬成为官方与民间共同认可的丧葬形式，厚葬之风兴起，纸扎等明器也因此发展起来。由于火葬有违儒家伦理纲常，自宋代起历朝历代都有禁令，严禁火葬。[①]

在中国古代社会，乡民与国家处于一种相对疏离的关系，国家权力对民众日常生活的影响与控制是极为有限的，各地村落在相当大的程度上保持着自治。20世纪以来，以现代民族国家的发展为脉络，国家权力对民间仪式的渗透开始深入化，并逐渐成为左右民间仪式兴衰存亡的决定性力量。1928年，民国临时政府制定《礼制案》，其中《丧礼草案》规定：旧俗所用僧道建醮，一切纸扎明器，龙杠、衔牌及旗锣伞扇等一概废除。丧事从俭，奠仪、挽联、挽幛、赙仪、花圈为限，此外，如锡箔、纸烛、纸盘、明器等物，一概废除。这一规章的出台，抑制了传统丧葬礼仪，人们开始以开追悼会的方式代替祭拜。但这种形式主要见于官方，群众性的大规模丧礼改革是在新中国成立后才开始的。"在中华人民共和国的前30年，政府发挥无产阶级专政的威力，打破了家族、民族界限，把人们按照阶级和利益重新组织起来，使人们牢固地归属于行政组织。传统的有限帝国变成了现代单一意识形态的全能国家或总体性国家。"[②]在国家政权强有力的震慑下，人们须对国家规定无条件服从，响应并遵循国家所倡导的意识形态。新政权的确立，必然伴随着相应的文化重构，民间惯习的生活方式、文化形态、传统仪式成了"落后"

---

① 例如《宋刑统·卷十八·残害死尸》记载，建隆三年（962）三月丁亥，宋太祖赵匡胤下诏："王者设棺椁之品，建封树之制，所以厚人伦而一风化也。近代以来，遵用夷法，率多火葬，甚愆典礼，自今宜禁之。"又敕曰："京城外及诸处，近日多有焚烧尸柩者，宜令今后止绝。若是路远归葬，及僧尼、蕃人之类，听许焚烧。"再如，南宋初年宋高宗赵构曾两次下诏禁止火葬。

② 高丙中：《民间的仪式与国家的在场》，《北京大学学报（哲学社会科学版）》2001年第1期，第43页。

的表现，被认为应予以"破除"或重新形塑。这一时期的葬礼统一由公社举办，仪式十分简单；传统的丧葬礼俗被视为迷信而遭到禁止，依附于仪式中的纸扎也被视为"四旧"的产物，成为被查禁的对象，在乡民礼俗中处于隐退状态，但并未完全消失。花圈是政府所允许的祭奠品，所以纸扎艺人改扎花圈，例如曹县纸扎艺人张文科兄弟三人就曾在安陵崮堆的烈士陵园扎了四五个月的花圈。然而，百姓对作为新事物出现的花圈尚未产生心理认同，在丧事中还是希望使用传统题材的纸扎。曹县纸扎艺人张玉周便打了个擦边球，创造出花圈与主楼组合的新式"楼"，从而既符合政府规定，又符合民众心理需求。由此可见在国家强大的影响下，民间社会表面上人人响应政府号召，但许多人在内心深处仍认同传统，从而使传统并未真正销声匿迹。

自20世纪80年代以来，国家对民间信仰逐渐采取了宽容的态度，传统民间仪式也悄然恢复，纸扎重新出现在乡民生活中，并随着时代发展、社会开放，出现了一些新的样式，数量与规模也有所增加。1985年，国务院颁布了《殡葬管理暂行规定》，要求实行火葬，禁止土葬，标志着我国殡葬改革工作由1956年开始的倡导阶段进入依法管理阶段。1997年，国务院出台《殡葬管理条例》，进一步推动了殡葬管理工作的法制化进程。然而，民间传统丧葬仪式再次与国家法律精神相冲突。在国家法规的保障下，火葬政策得到了严格的执行，乡民不敢再公开埋葬，与土葬相关的仪式环节一时间也大多消失不见。例如，2001年曹县纸扎艺人张广寒被相关政府部门查处，责令其停止制作纸扎并予以罚款，张广寒停业数年，直到2004年见周边的艺人都在制作纸扎，他才重操旧业。然而在乡民的现实生活中，土葬与纸扎并未消失。由于国家推行的火葬政策与乡民生贵死荣、入土为安的传统思想产生了严重冲突，所以火葬在一些村落有名无实，有的人家秘不发丧、偷偷埋葬，事后再隆重操办仪式；有的则花几千元钱购买火化证，便可"合法"掩埋；大多数乡民（包括城市居民）则是将火葬演化为"二次葬"，即先把死者送去火葬场火化，将骨灰放入骨灰盒，再将骨灰盒放入棺材，举行隆重的祭奠仪式后埋入坟地。鲁西南民众则是借助传统丧葬礼俗中的三周年祭仪，为死者隆重举办丧礼，而简化出殡仪式，以避开政府部门追查的风头。民间的种种"对策"，致使民政部门对于火化后还想保留骨灰、保留墓地的现象只能采取不提倡、不鼓励的态度。因而，社会上传统丧葬仪式基本保持不变，只是增添了一道火化的程序，反而会增加开支，并未能遏制铺张浪费，而政府禁止土葬的初衷——扩大土地使用面积，也未能实现。这说明乡村社会对"国家在场"进行着自建构与解构，乡民运用民间自发行为灵活微妙地处理相互间的矛盾，在冲突中维系着平衡，并反蚀了国家的力量及其合法性。当前，国家认识到乡村社会的力量、传统文化习俗的力量不容忽视，虽然继续推行火葬政策，但对乡间的传统丧葬仪式并未采取强制禁止或取缔的方式，表现出国家对传统文化与民俗的接纳、包容态度。

2003年，联合国教科文组织制定了《保护非物质文化遗产公约》，也揭开了中国的非物质文化遗产保护与发展运动的序幕。这是由政府主持自上而下推动的文化运动，也给乡村社会与传统民俗带来巨大影响。2006年，《国务院关于公布第一批国家级非物质文化遗产名录的通知》（国发〔2006〕18号）指出："非物质文化遗产是文化遗产的重要组成部分，是我国历史的见证和中华文化的重要载体，蕴含着中华民族特有的精神价值、思维方式、想象力和文化意识，体现着中华民族的生命力和创造力。保护和利用好非物质文化遗产，对于继承和发扬民族优秀文化传统、增进民族团结和维护国家统一、增强民族自信心和凝聚力、促进社会主义精神文明建设都具有重要而深远的意义。"自此，国家级、省级、市级、县级四级名录体系建立，大批民族民间文化项目被纳入体系中并得到重视。2008年，纸扎（凤凰纸扎）开始被列入国家级非物质文化遗产名录（第二批）；2009年，曹县戏文纸扎被列入山东省第二批非物质文化遗产名录；2011年，曹县纸扎艺人张玉周成为山东省第三批非物质文化遗产传承人。这些表现似乎为纸扎的合法性提供了依据，也提高了从业艺人的自信心与知名度，对纸扎的保护与发展起到了积极作用。

乡村社会的各种符号，不仅代表着强制、命令、说服等含义，而且象征着乡村社会的惯习、法统和权威。国家通过对乡村符号的征用和改造或创造新的符号，对乡村社会进行整合并获得乡村对国家政令的认同。纸扎作为丧葬仪式中的符号，也被国家纳入改造范围，在纸扎的发展历程中，始终受到

"国家在场"的影响，国家政令通过对丧葬仪式的限制或倡导，影响了纸扎的发展命运。目前，从国家角度而言，一方面纸扎的存在与火葬政策、破除迷信的政策相抵触，纸扎依然是移风易俗的对象；另一方面，纸扎又成为需要保护与传承的非物质文化遗产。这种看似矛盾的状态，正表现出社会转型期国家和社会大众两种力量相互角力与妥协、整合的结果。

四、民间评议的隐性影响力

与国家在场的外在影响力相对，民间评价体系是在乡民社会内部自发生成的一种制约机制，具有隐蔽性特点。它作为一种隐性力量，通过社会舆论与人们内心的信念发挥作用，制约规范着乡民做出符合集体价值观念的行为，调节着村落中的各种社会关系。

民间评价体系发生效力的方式，主要是通过社会舆论的引导与制裁。福柯认为，话语本身显示了一种权力，当这些思维和语句一旦在特定的"场域"中形成和定格，就会像一种制度一样在无形中产生出规训的力量，不仅在人们的心理上产生一种压制和强力，还潜在地规训着人们的行为规范。社会舆论便是这样一种无形的社会力量，它是指生活在一定社会环境中的民众，以集体的价值体系为标准，公开表达对某些事物、现象的议论和评价，以实现对行为进行约束的调控手段。舆论是民众自由自愿表达的意见和看法，它总是以拥护或反对、赞扬或谴责、喜好或厌恶的方式做出自己的价值评判。舆论的背后潜藏着民众对社会价值尺度和运行方向的内在要求。作为民间评议的表现手段，舆论在乡土社会中发挥着重要作用，它所表现出的群体观念的一致性倾向，能够产生一种激励或抵制的精神力量，从而对乡民个体形成强大压力，进而对其行为和意识产生某种威慑或制约作用，引导人们做出符合集体规范的选择。正所谓人言可畏、众口铄金，中国人最看重面子、重视口碑，因此，舆论以其普遍的、隐蔽的和强制的力量给人以一种无形的压力，对人的思想、意志和情感的影响与渗透更为深入。

民间价值评定体系的作用力并不止于口头赞扬或谴责，还会落实到具体的行动中，使当事人感受到乡民对其态度的改变与关系的调整。若一个人违反了社会规范或逃避了责任，便可能在他需要别人为他出力时得不到帮助，或无法得到使他获得声望的某种有价值的东西，从而给生活带来不便。乡民们这些带有主观情感的自发的举动，也对当事人构成一种制裁，迫使其修正自己的不端行为，将行为方式纳入符合社会道德准则与习俗规范的范畴中，以获得心理和环境的协调与平衡。

乡民依据自身的价值评定体系，对他人的行为进行善恶、是非、美丑的判断与评价，对于善的行为给予赞扬和提倡，对于恶的行为给予否定和批判，以达到扬善抑恶、维护村落关系稳定的目的。在传统社会，乡民评定善恶、是非、美丑的标准，首要一条就是孝。孝是中国传统文化中最突出的表现之一，是构建于血缘关系上的一种特殊的情感。经过统治者的倡导与儒家思想的推动，孝道思想自汉代就已深深扎根于中国人的道德观念中，成为评判一个人好坏、善恶的最基本标准。民间所谓的孝，具体在行为上的表现，便是养生送死的种种仪节，即"生，事之以礼；死，葬之以礼、祭之以礼"。因此，丧葬仪式的隆重程度便成为民间评价是否孝顺的重要标准。家中老人去世，必要"隆丧厚葬"，丧家既以此展现死者的哀荣，也以此体现孝道、免落骂名（有的甚至刻意以此博取功名），还能够给后代以暗示和教育。成长于这种环境中的乡民，在一次次围观或参与仪式的过程中习得相关仪规，并将之视为理所当然，逐渐形成一种思维定式，从而成为新一轮舆论环境的造势者。纸扎作为丧葬仪式的重要组成部分，是展现仪式隆重程度最为外显的表现形式，所以也是民间评议的重点。纸扎的数量、精美程度，都会引发围观者的直接评价，若是孝子孝女没有置办到位，会受到村民的非议、耻笑甚至唾弃。一些主家为了撑面子、博口碑、显荣耀，除了必备的罩子、摇钱树、小汽车等，还不惜耗费资财置办牌坊、大幡等纸扎大件。同时，民间评议对纸扎的艺术形式也产生影响。纸扎的工艺、题材、造型、图案、色彩等皆以乡民集体的审美情趣为标准被纳入评议体系中，因此艺人在制作过程中也必须遵循这一标准，既要使纸扎的题材与时俱进，扎制当下生活中流行的物件，满足乡民的实用需求，又要保持艺术风格的相对稳定，使乡民在审美过程中引发共鸣、产生愉悦感，获得乡民的心理认同。

结　语 ≫

　　本书运用民俗学、人类学的相关理论，在对鲁西南丧葬纸扎做了大量田野调查的基础上，从生活整体的视角，将纸扎置于具体的丧俗仪式语境中进行研究，探讨鲁西南丧葬纸扎的艺术形态及其社会功能与文化内涵，说明纸扎为什么能够在当地保存并持续传承，进而就丧葬纸扎艺术的特点及影响其生存发展的要素进行分析，阐释鲁西南纸扎当下的生存状态。

　　纸扎是以乡民为主体创造并传承的民间艺术，它既是民间工艺品，又是民众生活本身的反映。笔者通过对"地方性知识"体系中的纸扎进行"深描"，发现鲁西南丧葬纸扎与乡民生活呈现出相互建构的关系，一方面乡民生活形塑着纸扎，乡民的信仰观念与审美情趣等要素决定了纸扎的生存状态与艺术形态；另一方面，纸扎服务于乡民生活，在丧俗仪式中整合与重构乡土社会的各种关系，并实现其审美、娱乐、教化功能。

　　鲁西南纸扎扎根于乡民生活土壤，鲁西南地区的农耕文化特色是它得以生存、沿袭的根本原因。乡民的信仰观念、思想情感等精神需求决定了纸扎存在的必要性。丧葬仪式作为纸扎赖以生存和发展的载体与依托，其时间、空间和程序的确定性、重复性及其自身文化象征的丰富性，决定了纸扎能够持续传承，保持旺盛的生命力。特定的地理环境、历史文化与乡民的审美情趣等，赋予了鲁西南纸扎鲜明的地方特色，其造型、色彩、图案等艺术形态表现出质朴淳厚、情感热烈、富有生气的乡土气息。鲁西南纸扎的题材，显示出乡民对想象中的阴间世界的一种设计，即打造富足、美好的阴间生活场景，实际上表露出人们对现实幸福生活的期盼与向往。鲁西南纸扎的审美特征，体现了乡民积极、乐观的性格特点，他们面对死亡并未刻意营造悲伤的氛围、沉溺于伤痛之中，而是通过欢快艳丽的色调寄托希望与理想。尤其是鲁西南纸扎的特色——纸扎戏曲人物，生发于当地民众热爱唱戏、看戏、听戏的文化环境，并由此实现了戏曲表演艺术与纸扎艺术的结合与转换，呈现"戏中有画、画中有戏"的审美表达。乡民的生活方式并非一成不变，它会随着时代前进的步伐而发生变革，这也必然使纸扎及其赖以生存的仪式发生相应变化。鲁西南纸扎在当今相对稳定的传承中也发生着变迁，手工生产不可避免地呈现出简化的趋势。

纸扎服务于乡民生活，在鲁西南地区，无论是热丧仪式还是冷丧仪式，纸扎由订货、展示到焚送，几乎参与了仪式的整个过程。纸扎艺术的本质，主要体现在它作为仪式符号表现出的种种象征性上。纸扎在仪式中发挥着重要作用：表达对死者的孝敬与祝福，宣泄情感，缓解死别伤痛，给人以慰藉与超脱感，引发村落中各种社会关系的展演与互动，并实现其审美、娱乐、教化等功能，形塑乡民的性格与观念。"处在艺术和生活本身的交界处"的纸扎，沟通连接秩序性仪式以及象征体系主轴中的生者与死者（灵魂）、阳间与阴间、神圣与世俗两端，成为乡民赖以表达世界观、价值观和审美观的交流媒介，它所具有的承载和传达乡民信仰与情感的精神功能远远超过它作为艺术制作的意义。总之，纸扎与乡民生活密切联系并呈现互动关系，构成一个相互作用的循环过程。

正因为纸扎与生活的密切联系，在当今传统民间艺术走向衰微已是大势所趋的情况下，鲁西南纸扎虽也有变异，但依然盛行不衰，焕发着活力。纸扎是生活的原发性艺术，是生活与审美相结合的产物，由其功能所决定，它既是短命的艺术，又是生活常态的艺术。纸扎虽然存在的时间短暂，但在民众心目中能被死者永久使用，其艺术价值、民俗功能与文化内涵是丰富而恒常的，因而能够传承千余年；纸扎虽然是仿制品、替代物，但在民众心目中是真实可用的，寄托的情感是真诚的，因而能够在村落生活与文化空间里得以存续。

与纸扎相类似的丧俗艺术，同样出自民众的信仰观念、孝亲思想，其象征意义与功用大体一致，呈现出社会与国家、传统与现代、信仰与科学等多重关系。由于此类丧俗艺术的特殊性，在当今时代背景下对其历史命运的认知与生存发展的保护，便需要区别于其他民间艺术。丧俗艺术是有关丧葬和祭祀的艺术，是民间传统的信仰观念与造型观念结合所创造出的艺术形式，包括建造陵墓、墓碑及各种明器，丧仪中的歌舞、哭丧、扎台唱戏，墓室的雕刻、壁画等。民众的灵魂观念、神灵信仰、孝道思想、悼亲情感等，是丧俗艺术产生的前提，也是其意义所在。只要人类有死亡、有哀思的情感存在，丧俗的艺术形式就不会消亡。

对于丧俗艺术的态度，在国家层面，自20世纪50年代至70年代一度将之视为封建迷信的产物，简单粗暴地进行批判并取缔。但是，破除封建迷信、移风易俗不是简单地通过政令就可以实现的，强压之下会带来许多副作用甚至更大的反弹。民俗的稳定性、传承性是政府强力介入民俗时不得不考虑的重要因素，尤其是长期沿袭、在民众心目中已根深蒂固的信仰观念。近40年来，随着社会的民主、开放程度加深，重新界定了宗教、信仰、迷信与俗信的意义，也开始重新审视丧俗艺术，认识到它对于民众精神寄托、情感表达的重要性以及在协调人际关系、维持社会稳定等方面的作用。确实，对于民间社会来说，神灵信仰与世俗的日常生活关系密切，生产劳动、节日、礼仪、游艺等方方面面都与民间信仰存在着千丝万缕的联系，以至于很难区分哪些是严格的民间信仰内容，哪些是世俗的日常生活内容。丧俗艺术正是连接乡民的神圣信仰与世俗生活的物化形式，它与民族文化传统、民众心理息息相关，不能将之简单地视为封建迷信来对待。因而，我们必须从生活的角度去认知丧俗艺术，探寻保护与发展策略。

对于民间艺术的保护，大致分为三种方式。一是将其收入博物馆的抢救式保护，使之处于被封存展示的状态，人们可以看到其样式、了解其功能，但其中所蕴含的"非物质"的内容，譬如技艺、情感、思想观念、象征意象等是看不见也感受不到的。这是一种社会飞速发展变化带来的无奈之举。二是生产性保护，具体又分为两种，即产业化开发和原生态生产。目前，一部分传统民艺依然活态存在，但已经为了适应现实需要而改头换面（甚至面目全非），它们或是纯粹为了迎合现代市场的需求而改造得失去原有特色，或是走上产业化批量生产的道路，类似于机器制品，丧失了文化、情感、意蕴等最吸引人的地方；一部分传统民艺在现实生活中仍有需求，基本保持原有生产模式与工艺流程。三是整体性保护，即在对民间艺术进行细致分类的基础上，依照各自门类发生发展的特点和规律，进行生产性、生活性、生态性、活态性的全方位、综合性保护模式。

艺术的形式从来都不是孤立发展的，而是既有纵向的历史发展脉络，也有横向的与社会生活之间的相互影响。对于纸扎及其他丧俗艺术形式而言，由于它们与信仰观念密切关联的特殊性，应采取整体性保护策略，即保护其所处的文化生态整体环境，而不是单纯保护技艺或把作品送入博物馆展示。若是把丧俗艺术从原有生活的、信仰观念的环境中剥离出来，只保护其技艺的、审美的部分，就好似离开水的鱼，最终也无法成活。这种整体性保护并不是固化的保护，而是跟随时代的步伐进行活态的保护。在当代中国社会由自给自足的传统农耕社会向机器化大生产、专业化大分工的现代商业社会的变迁中，面对生存环境的变化，丧俗艺术表现出积极的自我调适与建构的能力。因此，应使之处于自然发展状态，与生活同步，与市场关联，按照内在发展规律衍变，既要减少过多的、刻意的人为保护因素，例如某些所谓的"生产性保护"，也不能横加干预、野蛮取消，为它适应生活的自动变革创造宽松自由的环境，使它在传统与现代、机械与手工之间寻求到适度的契合点。

当然，纸扎的艺术形式和技艺能否以一种合适的方式进行开发、转化、创新，使传统技艺及其文化内涵皆得以传承，也是一个颇具难度但值得重视的问题。

主要参考文献 》

［1］陈戍国.周礼·仪礼·礼记［M］.长沙：岳麓书社，1989.

［2］封演.封氏闻见记［M］.北京：中华书局，1985.

［3］唐临.冥报记［M］.北京：中华书局，1992.

［4］李昉，等.太平广记：第三册［M］.上海：上海古籍出版社，1990.

［5］孟元老.东京梦华录［M］.北京：中国商业出版社，1982.

［6］朱熹.孟子集注［M］.济南：齐鲁书社，1992.

［7］洪迈.夷坚志：第七册［M］.北京：中华书局，1985.

［8］于敏中，等.日下旧闻考［M］.北京：北京古籍出版社，1985.

［9］安作璋.山东通史［M］.济南：山东人民出版社，1995.

［10］贾凤英，等.菏泽文化通览［M］.济南：山东人民出版社，2012.

［11］山东省地方史志编纂委员会.山东省志·民俗志

〔M〕.济南：山东人民出版社，1996.

〔12〕山东省菏泽市史志编纂委员会.菏泽市志〔M〕.济南：齐鲁书社，1993.

〔13〕山东省曹县地方志编纂委员会.曹县志〔M〕.北京：中华书局，2000.

〔14〕山东省东明县政协文史资料委员会.东明民俗〔M〕.北京：中国文史出版社，1999.

〔15〕王伯涛.菏泽历史文化集萃〔M〕.天津：百花文艺出版社，2008.

〔16〕叶涛.山东民俗〔M〕.兰州：甘肃人民出版社，2004.

〔17〕周广良.鄄城民俗〔M〕.北京：中国文史出版社，2007.

〔18〕阿诺尔德·范热内普.过渡礼仪〔M〕.张举文，译.北京：商务印书馆，2012.

〔19〕爱弥儿·涂尔干.宗教生活的基本形式〔M〕.渠东，汲喆，译.上海：上海人民出版社，1999.

〔20〕陈池瑜.现代艺术学导论〔M〕.北京：清华大学出版社，2005.

〔21〕陈勤建.文艺民俗学导论〔M〕.上海：上海文艺出版社，1991.

〔22〕杜赞奇.文化、权力与国家：1900—1942年的华北农村〔M〕.王福明，译.南京：江苏人民出版社，1995.

〔23〕方李莉.传统与变迁：景德镇新旧民窑业田野考察〔M〕.南昌：江西人民出版社，2000.

〔24〕傅谨.草根的力量：台州戏班的田野调查与研究〔M〕.南宁：广西人民出版社，2001.

〔25〕高丙中.民俗文化与民俗生活〔M〕.北京：中国社会科学出版社，1994.

〔26〕葛兆光.中国思想史〔M〕.上海：复旦大学出版社，2001.

〔27〕郭于华.死的困扰与生的执著：中国民间丧葬仪礼与传统生死观〔M〕.北京：中国人民大学出版社，1992.

〔28〕卡冈.艺术形态学〔M〕.凌继尧，金亚娜，译〔M〕.上海：学林

出版社，2008.

［29］克利福德·格尔兹.文化的解释［M］.纳日碧力戈，等译.上海：上海人民出版社，1999.

［30］克利福德·格尔兹.地方性知识：阐释人类学论文集［M］.王海龙，张家瑄，译.北京：中央编译出版社，2000.

［31］刘晓春.仪式与象征的秩序：一个客家村落的历史、权力与记忆［M］.北京：商务印书馆，2003.

［32］柳宗悦.工艺文化［M］.徐艺乙，译.桂林：广西师范大学出版社，2006.

［33］柳宗悦.民艺论［M］.孙建君，等译.南昌：江西美术出版社，2002.

［34］罗伯特·赫尔兹.死亡与右手［M］.吴凤玲，译.上海：上海人民出版社，2011.

［35］吕品田.中国民间美术观念［M］.长沙：湖南美术出版社，2007.

［36］马塞尔·莫斯.礼物［M］.汲喆，译.上海：上海人民出版社，2002.

［37］潘鲁生.民艺学论纲［M］.北京：北京工艺美术出版社，1990.

［38］潘鲁生，唐家路，等.中国民艺采风录［M］.石家庄：河北美术出版社，2002.

［39］潘鲁生，唐家路，等.民间文化生态调查［M］.济南：山东美术出版社，2005.

［40］潘鲁生.民艺研究［M］.济南：山东美术出版社，2007.

［41］潘鲁生，赵屹.手艺农村：山东农村文化产业调查报告［M］.济南：山东人民出版社，2008.

［42］潘鲁生，唐家路.民艺学概论［M］.济南：山东教育出版社，2012.

［43］潘鲁生.中国民间美术全集·祭祀编·供品卷［M］.济南：山东教育出版社、山东友谊出版社，1994.

［44］潘鲁生.山东曹县戏曲纸扎艺术［M］.重庆：重庆出版社，1993.

［45］潘鲁生.纸扎制作技法［M］.北京：北京工艺美术出版社，2000.

［46］容世诚.戏曲人类学初探：仪式、剧场与社群［M］.桂林：广西师范大学出版社，2003.

［47］施坚雅.中国农村的市场和社会结构［M］.史建云，徐秀丽，译.北京：中国社会科学出版社，1998.

［48］苏珊·朗格.情感与形式［M］.北京：中国社会科学出版社，1986.

［49］唐家路.民间艺术的文化生态论［M］.北京：清华大学出版社，2006.

［50］田仲一成.中国的宗族与戏剧［M］.钱杭，任余白，译.上海：上海古籍出版社，1992.

［51］王树村.戏出年画［M］.北京：北京大学出版社，2007.

［52］维克多·特纳.象征之林［M］.赵玉燕，欧阳敏，徐洪峰，译.北京：商务印书馆，2012.

［53］维克多·特纳.仪式过程：结构与反结构［M］.黄剑波，柳博赟，译.北京：中国人民大学出版社，2006.

［54］项阳.山西乐户研究［M］.北京：文物出版社，2001.

［55］许平.造物之门［M］.西安：陕西人民美术出版社，1998.

［56］徐吉军.中国丧葬史［M］.武汉：武汉大学出版社，2012.

［57］徐艺乙.物华工巧：传统物质文化的探索与研究［M］.天津：天津人民美术出版社，2005.

［58］阎云翔.礼物的流动：一个中国村庄中的互惠原则与社会网络［M］.李放春，刘瑜，译.上海：上海人民出版社，2000.

［59］张士闪.乡民艺术的文化解读：鲁中四村考察［M］.济南：山东人民出版社，2006.

［60］张士闪，耿波.中国艺术民俗学［M］.济南：山东人民出版社，2008.

［61］赵世瑜. 眼光向下的革命：中国现代民俗学思想史论（1918—1937）［M］. 北京：北京师范大学出版社，1999.

［62］陈华文，陈淑君. 民间特色：随葬物与阴间生活信仰［J］. 民俗研究，2012（1）.

［63］高丙中. 民间的仪式与国家的在场［J］. 北京大学学报（哲学社会科学版），2001（1）.

［64］梁景和. 五四时期丧葬礼俗的变革［J］. 首都师范大学学报（社会科学版），1997（4）.

［65］李卫. 鲁西南丧葬礼俗与鼓吹乐［J］. 中国音乐学，2006（4）.

［66］李新华. 山东丧葬纸扎工艺的形态及其开发利用［J］. 民俗研究，2004（4）.

［67］刘进. 生命的休止符：鲁西南纸扎装饰艺术符号解读［J］. 美与时代（上），2012（2）.

［68］刘铁梁. 村落集体仪式文艺表演活动与村民的社会组织观念［J］. 北京师范大学学报，1995（6）.

［69］刘晓春. 从"民俗"到"语境中的民俗"：中国民俗学研究的范式转换［J］. 民俗研究，2009（2）.

［70］刘阳. 古代乡村明器纸扎渊源钩沉［J］. 农业考古，2011（4）.

［71］陆锡兴. 古代的纸扎［J］. 中国典籍与文化，2007（4）.

［72］陆锡兴. 吐鲁番古墓纸明器研究［J］. 西域研究，2006（3）.

［73］孟令法. 殡葬与纸扎［J］. 寻根，2013（2）.

［74］潘鲁建. 戏曲纸扎摭谈［J］. 民俗研究，2000（3）.

［75］潘鲁生. 民间丧俗中的纸扎艺术［J］. 民族艺术，1988（1）.

［76］潘鲁生. 民俗"纸扎"之源流［N］. 中华文化报，2006-04-27.

［77］宋东侠. 浅析宋代丧葬明器［J］. 青海社会科学，2004（6）.

［78］唐家路. 晶莹素雅"糖人供"：山东曹县相糖及相糖模［J］. 中国文化遗产，2007（2）.

［79］杨帆."慎终追远"的背后：鲁西南"过三年"丧葬仪式的文化解

读〔J〕.文化遗产，2011（4）.

〔80〕张士闪.从参与民族国家建构到返归乡土语境：评20世纪的中国乡民艺术研究〔J〕.文史哲，2007（3）.

后 记 ≫

　　本书是在笔者的博士论文基础上修改而成的，成书之际正逢2020年清明节。由于新冠疫情的爆发，当年清明节期间，济南市所有的殡仪馆、公墓、骨灰堂等殡葬服务场所，暂停现场祭扫活动，暂停群体性祭奠活动，改为网上祭扫，强调"清明祭扫，贵在心意，重在文明"。习俗的改变是否代表文明的进步，我们现在还不得而知。但相信疫情过后，人们依旧还是会恢复原来的传统，带着备好的纸钱和各色供品，去往亲人坟前祭扫。在中国民间的传统观念中，死者在另一个世界定然不能活得如此孤寂。不管生前是显达还是落寞，是富贵还是贫穷，人死之后，亲人总会尽力置办丧礼，意在让死者光彩地离去，尽享另一个世界的荣华。

　　人生就是不断越过一道道坎，体味一世繁华与寂寞、盛衰与荣辱。攻读博士学位便是学术研究之路上一道重要的关口。回首当年读博之路，同时兼顾工作与学业，还完成了结婚生子这样的人生重大任务，也因承担角色的增多而加剧了学习的难度。所幸个人十分幸运，承蒙师长、家人、朋友的鼓励和帮助，坚持着迈过了这道坎。

至今特别感谢我的博士导师潘鲁生教授，先生深邃的学术造诣、严谨的治学态度与宽厚宏毅的人格魅力使我深受感染，他的耳提面命、言传身教不仅使我精进了学问，更懂得了许多做人做事的道理。

感谢我的硕士导师叶涛教授多年来给予我的关怀与帮助，令我终生感恩。感谢已故去的李万鹏老师，无私地为我提供资料，引导我从田野调查资料中发现问题。感谢山东大学儒学高等研究院民俗学研究所的张士闪教授、王加华教授、刁统菊教授，在田野作业方面对我多有指教，并对我的论文提出宝贵的修改意见。

感谢曹县文物局的潘鲁健老师，为我提供田野调查的线索和文献资料。感谢菏泽纸扎艺人张广寒、张玉周、周广良、张秋生以及许许多多为我提供帮助的村民们，能够欣然接受我的采访，使我的论文有了大量第一手资料的支撑。

家人是我最有力的后援团。读博期间，我先生同时在北京攻读博士学位，婆母不辞辛苦地照顾我们幼小的孩子，几乎承担了全部家务。如今，次子已六岁，还是依赖公婆照料，使我们夫妻二人在工作上无后顾之忧。博士论文写作后期适逢母亲身染重疾，担忧、焦虑的情绪使我难以静心写作。感谢我的父亲，承担起照顾母亲的主要责任，使我得以安心完成学业。如今母亲已去世近八年，父亲年逾古稀依旧笔耕不辍，时有新作出版，是我学习的榜样。

人到中年，业已经历"生死"，母亲的逝去成为心中不敢碰触的伤痛，孩子们的成长让我感恩生命。死生更替，生生不息，愿我们能够不畏生，亦不惧死。

荣　新

2023年4月于济南